国家级职业教育规划教材
全国技工院校市场营销专业教材（中级技能层级）
全国中等职业学校市场营销专业教材

（第二版）

MARKETING

商务法律应用

刘海光　主编

中国劳动社会保障出版社

简介

本教材的主要内容为与企业商务活动密切相关的法律，具体包括公司法、合同法、产品质量法、消费者权益保护法以及商务活动中的其他相关法律。教材通过大量案例，引发学生思考并带着问题进行知识点学习。知识点的选取以实用、够用为原则。内容的讲解既保持专业性和准确性，又通俗易懂。每章后附有思考与练习，帮助学生综合应用所学知识。

本教材由刘海光任主编，熊庆任副主编，郭燕、张大庆、徐标参加编写。

图书在版编目（CIP）数据

商务法律应用 / 刘海光主编. -- 2版. -- 北京：中国劳动社会保障出版社，2019
全国技工院校市场营销专业教材. 中级技能层级　全国中等职业学校市场营销专业教材

ISBN 978-7-5167-4038-5

Ⅰ. ①商…　Ⅱ. ①刘…　Ⅲ. ①商法-中国-技工学校-教材　Ⅳ. ①D923.99

中国版本图书馆 CIP 数据核字（2019）第 090769 号

中国劳动社会保障出版社出版发行

（北京市惠新东街 1 号　邮政编码：100029）

*

北京市艺辉印刷有限公司印刷装订　新华书店经销

787 毫米 × 1092 毫米　16 开本　8.25 印张　129 千字

2019 年 6 月第 2 版　2019 年 6 月第 1 次印刷

定价：17.00 元

读者服务部电话：（010）64929211/84209101/64921644

营销中心电话：（010）64962347

出版社网址：http://www.class.com.cn

http://zyjy.class.com.cn

前言

全国中等职业技术学校市场营销专业教材自出版以来，在学校教学中发挥了重要作用。近年来，随着经济的发展，我国市场营销环境也发生了巨大的变化，这对市场营销从业人员的职业素养和知识、技能水平都提出了更高的要求。为适应这一变化，满足学校培养人才的需求，我们组织了一批骨干教师与行业、企业专家，在充分调研的基础上，对现有教材进行了修订。

本次教材修订工作的重点主要体现在以下几个方面：

第一，完善了教材体系。根据目前职业院校市场营销专业的教学实际，将《店铺陈列》《店铺促销》《连锁经营与管理》等教材整合为《店铺经营与管理》，增加了《市场调查》教材。调整后，整套教材体系更加科学、完善，也更便于教学。

第二，更新了教材内容。针对市场营销专业的现状和发展趋势以及企业的岗位需求，调整、补充和更新了相关教材的结构和内容，使教材更具时代感和前瞻性。增加了实践性教学内容的比重，在主要技能课教材中加入实训项目，并配以详细的操作指导，以引导学生运用所学知识分析和解决实际问题。

第三，改进了教材表现形式。针对学生的认知规律，在教材编写上尽可能多地以图表代替冗长的文字叙述，使教材更加生动，易于学习。同时，对上一版教材的栏目设置进行了整合、优化，使其脉络更加清晰，提高了教材的可读性和实用性。

第四，加强了教材配套资源建设。在修订教材的同时，修订了配套习题册和电子课件。电子课件及习题答案可通过职业教育教学资源和数字学习中心

（http://zyjy.class.com.cn）免费下载。在部分教材中使用了二维码技术，针对教材中的教学重点和难点制作了案例文本、演示视频等多媒体素材，学生使用移动终端扫描二维码即可在线观看相应内容。

本套教材的编写得到了有关学校的大力支持，教材编审人员做了大量的工作，在此我们表示衷心的感谢！同时，恳切希望广大读者对教材提出宝贵的意见和建议。

人力资源社会保障部教材办公室

目录

绪论

市场经济，从某种角度来讲是法治经济。参与经济活动的组织和个人都必须按照法律规范要求开展生产经营活动，特别是商务法律对从事市场营销的人员尤为重要。

本书介绍的商务法律包括公司法、合同法、产品质量法、消费者权益保护法，以及知识产权法、反不正当竞争法、环境保护法、食品安全法等。在学习这些法律之前，须掌握以下几个概念。

一、法律关系

1. 法律关系的概念及特征

法律关系是指法律规范在调整人们行为过程中所形成的权利和义务关系，它是社会关系的一种特殊形态。与其他社会关系相比，法律关系有两大特征：

（1）法律关系是以法律规范为前提而形成的社会关系

法律关系是法律对人们的行为及其相互关系加以调整而出现的一种状态，因此，没有法律规范的存在，就不可能产生相应的法律关系。在社会生活中有很多社会关系，如同学关系、师生关系、男女之间的恋爱关系等，但由于这些关系不是由法律规范规定和调整的，因此不具有法律意义，只能是单纯的社会关系。只有受到某种法律法规规定或调整的社会关系才能上升为法律关系。例如，合同法所调整的合同当事人之间的合作关系、婚姻法所调整的婚姻家庭关系等，都是法律关系。

（2）法律关系是以法律意义上的权利义务为内容的社会关系

法律关系是当事人之间权利义务关系的体现。只有当一方当事人按照法律规范享有权利，另一方承担义务时，当事人双方才能形成相应的法律关系。如果在当事人之间没有设定法律意义上的权利义务关系，当事人之间就不可能产生法律关系。

2. 法律关系的构成

法律关系有三个基本构成要素，即法律关系主体、法律关系客体和法律关系内容。三者紧密相连，缺一不可，其中任何一项内容发生变更都会引起法律关系的变更。

（1）法律关系主体

法律关系主体是指在法律关系中依法享有一定权利和承担一定义务的当事人。享有一定权利的当事人叫作权利主体，承担一定义务的当事人叫作义务主体。

1）法律关系主体的种类。在我国，根据法律的规定，法律关系主体包括四类，见表0—1。

表0—1 法律关系主体的种类

法律关系主体	含义
公民（自然人）	既指中国公民，也指居住在中国境内或在中国境内从事活动的外国公民和无国籍人
法人	国家机关（如立法机关、行政机关、司法机关等）
	各种企事业组织和在中国境内设立的中外合资经营企业、中外合作经营企业和外资企业
	政党和社会团体
非法人组织	不具有法人资格，但能够依法以自己的名义从事民事活动的组织，包括个人独资企业、合伙企业、不具有法人资格的专业服务机构等
国家	在特殊情况下，国家可以作为一个整体而成为法律关系主体（如国家作为主权者，是国际公法关系的主体）

2）法律关系主体的资格。公民（自然人）和法人等要想成为法律关系主体，享有权利和承担义务，就必须具有权利能力和行为能力，即具有法律关系主体的资格。

权利能力是指能够参与一定的法律关系，依法享有一定权利和承担一定义务的法律资格。行为能力是指法律关系主体能够通过自己的行为实际取得权利和履行义务的能力。

我国法律将公民分为完全民事行为能力人、限制民事行为能力人和无民事行为能力人三种，见表 0—2。

表 0—2　行为能力人的类别及含义

行为能力人的类别	含义	说明
完全民事行为能力人	达到法定年龄，智力健全，能够对自己的行为负完全责任的公民（自然人）	18 周岁以上的公民是成年人，具有完全民事行为能力，可以独立进行民事活动，是完全民事行为能力人。16 周岁以上不满 18 周岁的公民，以自己的劳动收入为主要生活来源的，视为完全民事行为能力人
限制民事行为能力人	行为能力受到一定限制，只具有部分行为能力的公民（自然人）	8 周岁以上的未成年人是限制民事行为能力人，可以进行与他的年龄、智力相适应的民事活动；其他民事活动由其法定代理人代理，或者征得其法定代理人的同意
无民事行为能力人	完全不能以自己的行为行使权利、履行义务的公民（自然人）	不满 8 周岁的未成年人是无民事行为能力人，由其法定代理人代理民事活动；不能辨认自己行为的精神病人是无民事行为能力人，由其法定代理人代理民事活动

法人的权利能力和行为能力是同时产生和同时消灭的。法人一经依法成立，就同时具有权利能力和行为能力。法人一经依法撤销，其权利能力和行为能力就同时消灭。

（2）法律关系客体

法律关系客体是指法律关系主体之间权利和义务所指向的对象。法律关系客体属于法律关系的必备要素之一，它主要有三类，见表 0—3。

表 0—3　法律关系客体的类别及含义

法律关系客体的类别	含义	举例
物	由法律关系主体支配的，在生产和生活中所需要的客观实体。它可以是天然物，也可以是生产物；可以是活动物，也可以是不活动物	作为商品的房产、衣物、食物、日常生活用品、天然气、油、水、氧气等

续表

法律关系客体的类别	含义	举例
行为	义务人完成其行为所产生的能够满足权利人利益要求的结果	经济管理行为、提供一定劳务的行为、完成一定工作的行为等
精神产品	人通过某种物体或大脑记载下来并加以流传的思维成果，我国法学界常称为“智力成果”或“无体财产”	发明、发现、著作等

（3）法律关系内容

法律关系内容是指法律关系主体所享有的权利和承担的义务，即法律权利和法律义务。法律关系内容是法律关系的基本要素和核心。法律权利和法律义务是相互依存的，一方的权利依赖于另一方的义务来实现。

二、法律责任

1. 法律责任的概念

法律责任有广义和狭义之分。广义的法律责任是指义务性的法律责任，如遵守法律既是公民的义务也是公民的责任。狭义的法律责任是指违法主体对自己的违法行为必须承担的某种强制性后果或惩罚性后果的法律意义上的责任。通常所讲的法律责任，一般是指狭义的法律责任。

2. 法律责任的类别及具体形式

法律责任的类别及具体形式见表 0—4。

表 0—4 法律责任的类别及具体形式

法律责任的类别		含义	具体形式
民事责任		公民或法人因违反法律、违约或者因法律规定的其他事由而依法承担的独立后果	停止侵害，排除妨碍，消除危险，返还财产，恢复原状，修理、重作、更换，赔偿损失，支付违约金，消除影响、恢复名誉，赔礼道歉
行政责任	行政处分	因违反行政法律或因行政法律规定的事由而应当承担的法定的不利后果	警告，记过，记大过，降级，撤职，开除
	行政处罚		警告，罚款，没收违法所得，责令停产停业，暂扣或吊销执照，行政拘留，法律法规规定的其他行政处罚

续表

法律责任的类别		含义	具体形式
刑事责任	主刑	因违反刑事法律而应当承担的法定的不利后果	管制，拘役，有期徒刑，无期徒刑，死刑
	附加刑		罚金，剥夺政治权利，没收财产，驱逐出境

思考与练习

一、简答题

1. 什么叫作法律关系？
2. 法律关系的主体有哪些？
3. 民事责任有哪些具体形式？

二、案例分析题

小虎现年19岁，他的表弟小龙即将过12岁的生日。在为小龙买礼物的路上，小虎出了车祸，被撞伤小腿住进了医院。当天小龙来看望表哥，他觉得很难受，因为表哥是为了给自己买礼物才受伤的，于是打算补偿表哥。第二天，小龙就拿了500元给小虎。小虎十分纳闷，小龙才12岁，怎么会有那么多钱呢？原来小龙将自己家中的传家宝——青花瓷花瓶（市场价值约50万元）以500元的价格卖给了古玩店的老板。小虎知道后便一瘸一拐地找到古玩店的老板，要求其退还花瓶。老板不同意，他认为买卖自由，况且自己也没有逼迫小龙，是小龙自己跑来要低价卖掉花瓶的。

问题：小龙是否具备行为能力？

第一章 公司法

本章介绍公司和公司法的概念，有限责任公司和股份有限公司的设立，公司的变更、合并与分立，公司的解散与清算等基础知识。

学习目标

1. 了解公司和公司法的概念、公司的分类，重点掌握有限责任公司和股份有限公司的设立条件及其组织机构，并在此基础上学会比较两类公司的区别。

2. 了解公司变更、合并、分立的基本概念，掌握公司合并、分立的形式以及程序。

3. 了解公司解散和公司清算的基本概念，熟悉公司解散的不同类型和公司清算的程序。

第一节 公司法概述

一、公司的概念、特征和种类

1. 公司的概念及特征

公司是企业的一种组织形式，是依照法律规定的条件和程序设立，并以营利为目的的企业法人。公司作为现代企业的一种组织形式，主要有三个方面的特征：

（1）公司必须依法设立与运作

公司必须按照《中华人民共和国公司法》（以下简称《公司法》）以及相关法律法规的规定和法定程序设立，并依照上述法律法规合法运作。

（2）公司具有法人资格

我国《公司法》规定，公司是企业法人，公司股东以其出资额或所持股份为限对公司的债务承担责任。公司的财产来源于股东投资，股东一旦投资，随着公司的设立，公司和股东就成为两个独立的法律关系主体，股东个人无直接处分公司财产的权利，公司对其财产享有法律规定的权利。

（3）公司以营利为目的

以营利为目的是公司的重要特征之一。公司作为企业的一种组织形式，主要从事生产经营或服务等经济活动，其直接目的是获取经济利益，即以尽可能少的劳动和物质消耗获取最大的利润。

2. 公司的种类

综合我国现行的法律来看，公司可以分为有限责任公司、股份有限公司、国有独资公司和上市公司。其中，国有独资公司属于有限责任公司的特殊形态，即由国家单独出资或者各级人民政府授权本级人民政府国有资产监督管理机构履行出资人职责的有限责任公司。上市公司主要是指其股票在证券交易所上市交易的股份有限公司，也属于股份有限公司的范畴。

二、公司法的概念

公司法是调整国家干预，调节、协调、管理本国经济运行过程中发生的关于公司的设立、组织、活动、解散及其他对内对外关系的法律规范的总称。公司法是公司活动的行为准则，是国家管理公司的重要工具，是确立公司法律地位及其权利义务的基本依据。

三、《公司法》的适用范围

我国《公司法》第二条规定："本法所称公司是指依照本法在中国境内设立的有限责任公司和股份有限公司。"也就是说，不管设立者国籍属于中国还是外国，只要公司设立在中国境内，依据属地管辖原则，该公司就应当受到我国公司法的约束。

随着我国改革开放的不断深入，中外合资经营企业、中外合作经营企业、外资企业这三种外商企业的数量越来越多。20世纪末，我国相继颁布了《中华人民共和国中外合资经营企业法》《中华人民共和国中外合作经营企业法》《中华人民共和国外资企业法》，以使外商企业有法可依。但是这三类公司除了在资本来源上不同外，其他特征与一般公司并无实质区别。因此，《公司法》第二百一十七条明确规定："外商投资的有限责任公司和股份有限公司适用本法；有关外商投资的法律另有规定的，适用其规定。"

即学即练

A、B、C三人成立了一个登山爱好者俱乐部，作为登山爱好者聚会的场所。为了维持该俱乐部的正常运行，三人向前来聚会的登山爱好者收取每人每次10元的茶水费。另外，该俱乐部经常帮助登山爱好者代购部分登山用品。

问题：该俱乐部属于公司吗？

第二节　有限责任公司的设立

一、有限责任公司的概念和法律特征

1. 有限责任公司的概念

有限责任公司是指由法定人数的股东共同出资，每个出资人（或股东）以其认缴的出资额为限对公司承担责任，公司以其全部资产对公司的债务承担责任的企业法人。

2. 有限责任公司的法律特征

（1）公司的全部资本不划分为等额股份

即公司每一股份在数额上各不相等。证明股东出资份额的权利证书称为出资证明书或者股权证书，而不是股票，这是有限责任公司与股份有限公司最主要的区别。

（2）公司不能发行股票

有限责任公司通过投资者协商确定投资比例和出资方式，形成公司股本总额。有限责任公司不得向社会公开募集资金，不得发行股票。股东向公司缴纳出资后，公司向股东签发出资证明书，作为股东出资凭证及转让出资时的依据。出资证明书不能流通。

（3）公司股份转让有严格限制

股东出资后不能退股，但可将所持有的股份依法转让。我国《公司法》规定，有限责任公司的股份可以在股东之间转让，也可以向股东以外的人转让。向股东以外的人转让时，必须经全体股东过半数同意。股东转让股份在同等条件下，其他股东有优先购买权。

（4）公司股东人数有法定限制

有限责任公司对股东人数有上限限制。我国《公司法》规定，有限责任公司的股东人数为 50 人以下，而其他公司对股东人数没有限制。

（5）公司股东按出资比例享有权利和承担义务

股东依法出资后，享有参加公司经营管理以及分配股利的权利，这些权利均按出资比例享有。

二、有限责任公司设立的条件

【案例】

甲、乙、丙三人决定共同投资设立一家科技发展有限责任公司，注册资本为人民币100万元。其中，甲在公司章程中承诺以现金30万元出资，并且保证所有资金在公司成立后2年内到位。乙以其专利技术出资，评估为20万元。丙以其临街房屋出资，评估为50万元。

【问题】

假设乙、丙出资均已到位，而甲因为资金紧张，到公司章程规定的出资期限止，实际出资仅10万元，该公司能成立吗？如果不能成立，甲应当承担哪些责任？

1. 股东符合法定人数

我国《公司法》对有限责任公司股东人数的规定是不能超过50人，但没有最低人数的规定，这也就意味着《公司法》明确承认了国有独资公司、一人公司的合法地位。

2. 符合公司章程规定的全体股东认缴的出资额

我国《公司法》第二十六条规定："有限责任公司的注册资本为在公司登记机关登记的全体股东认缴的出资额。法律、行政法规以及国务院决定对有限责任公司注册资本实缴、注册资本最低限额另有规定的，从其规定。"第二十八条规定："股东应当按期足额缴纳公司章程中规定的各自所认缴的出资额。股东以货币出资的，应当将货币出资足额存入有限责任公司在银行开设的账户；以非货币财产出资的，应当依法办理其财产权的转移手续。股东不按照前款规定缴纳出资的，除应当向公司足额缴纳外，还应当向已按期足额缴纳出资的股东承担违约责任。"

3. 股东共同制定公司章程

公司章程是记载公司组织规范及其行为准则的书面文件。公司章程对每一个股东都有约束力。因此，公司章程应当由股东共同制定，并签名盖章。

4. 有公司名称，建立符合有限责任公司要求的组织机构

公司名称是公司应具备的人格要素。《公司法》规定，有限责任公司的名称中必须标明“有限责任公司”或者“有限公司”字样。

5. 有固定的生产经营场所和必要的生产经营条件

生产经营场所是指公司的住所及其他业务经营地点。必要的生产经营条件是指保证公司正常运营，实现其设立目的的必要的物质条件，如厂房、机器设备、货物场地等。

三、有限责任公司设立的程序

1. 设立方式及设立协议

有限责任公司的设立包括共同出资设立和单独出资设立两种方式。设立人应当订立设立协议，明确在设立过程中的权利和义务。

2. 订立公司章程

根据《公司法》第二十五条的规定，有限责任公司章程应当载明下列事项：①公司名称和住所；②公司经营范围；③公司注册资本；④股东的姓名或者名称；⑤股东的出资方式、出资额和出资时间；⑥公司的机构及其产生办法、职权、议事规则；⑦公司法定代表人；⑧股东会会议认为需要规定的其他事项。

3. 股东按照公司章程规定完成出资

根据《公司法》第二十八条的规定，股东应当按期足额缴纳公司章程中规定的各自所认缴的出资额。股东以货币出资的，应当将货币出资足额存入有限责任公司在银行开设的账户；以非货币财产出资的，应当依法办理其财产权的转移手续。股东不按照前款规定缴纳出资的，除应当向公司足额缴纳外，还应当向已按期足额缴纳出资的股东承担违约责任。

4. 申请名称预先核准

设立有限责任公司应当申请名称预先核准。

5. 申请设立登记

股东认足公司章程规定的出资后，由全体股东指定的代表或者共同委托的代理人向公司登记机关报送公司登记申请书、公司章程等文件，申请设立登记。

四、有限责任公司的组织机构

1. 有限责任公司的股东和股东会

（1）有限责任公司的股东

有限责任公司的股东是公司的出资人，即向公司出资，并享有权利和承担义务的人。除国家有特殊限制以外，有权代表国家投资的部门和机构、企业法人、具有法人资格的事业单位和社会团体、自然人等，均可按照规定成为有限责任公司的股东。

有限责任公司的股东因自己的出资而享有权利，如参加股东会并根据出资额享有表决权、了解公司的经营状况和财务状况、依法获取股利、依法转让出资、依法优先购买其他股东转让的出资等。有限责任公司的股东应承担的义务主要是足额缴纳认缴的出资，并以其认缴的出资额为限对公司债务承担有限责任。

（2）有限责任公司的股东会

有限责任公司的股东会由全体股东组成，是公司的最高权力机构。有限责任公司的股东会依法行使下列职权：决定公司的经营方针和投资计划；选举和更换董事，决定有关董事的报酬事项；选举和更换由股东代表出任的监事，决定有关监事的报酬事项；审议批准董事会的报告；审议批准监事会或监事的报告；审议批准公司的年度财务预算方案、决算方案；审议批准公司的利润分配方案和弥补亏损方案；对公司增加或者减少注册资本作出决议；对发行公司债券作出决议；对股东向股东以外的人转让出资作出决议；对公司合并、分立、解散、清算或者变更公司形式作出决议；修改公司章程；公司章程规定的其他职权。

有限责任公司的股东会会议分为定期会议和临时会议两种。定期会议应当依照公司章程的规定按时召开。代表 1/10 以上表决权的股东，1/3 以上的董事，监事会或者不设监事会的公司的监事可以提议召开临时会议。有限责任公司设立董事会的，股东会会议由董事会组织召开，董事长主持，董事长因特殊原因不能履行职务时，由董事长指定的副董事长或者其他董事主持。

股东会的议事方式和表决程序一般由公司章程加以规定。股东会会议由股东按照出资比例行使表决权。但是，对于公司增加或者减少注册资本，公司合并、分立、解散或者变更公司形式，以及修改公司章程所作出的决议，必须经代表

2/3 以上表决权的股东通过。

2. 有限责任公司的董事会和经理

（1）有限责任公司的董事会

有限责任公司的董事会是公司的经营决策和业务执行机构。《公司法》规定，有限责任公司设董事会，其成员为 3～13 人。董事会设董事长 1 人，可以设副董事长。董事长为公司的法定代表人；董事长和副董事长的产生办法由公司章程规定。每届董事的任期不得超过 3 年，连选可以连任。

董事会对股东会负责，并行使下列职权：召集股东会会议，并向股东会报告工作；执行股东会的决议；决定公司的经营计划和投资方案；制订公司的年度财务预算方案、决算方案；制订公司的利润分配方案和弥补亏损方案；制订公司增加或者减少注册资本以及发行公司债券的方案；制订公司合并、分立、解散或者变更公司形式的方案；决定公司内部管理机构的设置；决定聘任或者解聘公司经理及其报酬事项，并根据经理的提名决定聘任或者解聘公司副经理、财务负责人及其报酬事项；制定公司的基本管理制度；公司章程规定的其他职权。

（2）有限责任公司的经理

有限责任公司的经理负责公司日常经营管理工作。公司经理由董事会聘任或者解聘，对董事会负责，并可列席董事会会议。经理行使下列职权：主持公司的生产经营管理工作，组织实施董事会决议；组织实施公司年度经营计划和投资方案；拟订公司内部管理机构设置方案；拟订公司的基本管理制度；制定公司的具体规章；提请聘任或者解聘公司副经理、财务负责人；决定聘任或者解聘除应由董事会决定聘任或者解聘以外的负责管理人员；董事会授予的其他职权。

3. 有限责任公司的监事和监事会

有限责任公司的监事和监事会是公司经营活动的监督机构。有限责任公司设监事会，其成员不得少于 3 人。股东人数较少或者规模较小的有限责任公司，可以设 1～2 名监事，不设监事会。监事会应当包括股东代表和适当比例的公司职工代表，职工代表由公司职工民主选举和罢免。公司的董事、高级管理人员不得兼任监事。监事的任期每届为 3 年，连选可以连任。监事可列席董事会会议。监事会行使下列职权：检查公司财务；对董事、高级管理人员执行公司职务的行为进行监督，对违反法律、行政法规、公司章程或者股东会决议的董事、高级管理人员提出罢免的建议；当董事、高级管理人员的行为损害公司的利益时，要求董事、高级管理人员予以纠正；提议召开临时股东会会议；向股东会会议提出提案；依照《公司法》第一百五十一条的规定，对董事、高级管理人员提起诉讼；公司章程规定的其他职权。

五、有限责任公司设立的责任

有限责任公司设立的责任见表 1—1。

表 1—1　有限责任公司设立的责任

责任类别	含义
违约责任	股东不按期足额缴纳公司章程中规定的各自所认缴的出资额，或者股东不能按期将资金存入有限责任公司在银行开设的账户，如果出现以上两种情况，除应当向公司足额缴纳出资外，还应当向已按期足额缴纳出资的股东承担违约责任
资本充实责任	有限责任公司成立后，发现作为设立公司出资的非货币财产的实际价额显著低于公司章程所定价额的，应当由交付该出资的股东补足其差额
资本维持责任	有限责任公司成立后，股东不得抽逃出资

【案例分析】

根据《公司法》第二十六条和第二十八条的规定，该公司能够成立，但是由于甲没有按期足额缴纳出资，甲需要向乙、丙承担违约责任。

即学即练

张某和李某拟设立某饮料有限责任公司，注册资本为人民币 2 万元。由于两人关系较好，2 万元出资全由张某代出，且双方均认为没有必要订立公司章程。公司登记注册前夕，两人为公司取名“鲲鹏公司”，并且没有为拟设立的公司寻找经营场所。结果，张某、李某二人到公司登记机关登记注册时，工作人员拒绝为其注册。

问题：张某、李某二人在设立公司的过程中哪些行为不符合《公司法》的规定？

第三节　股份有限公司的设立

一、股份有限公司的概念和法律特征

1. 股份有限公司的概念

股份有限公司又称股份公司，是指注册资本由等额股份构成并通过发行股票筹集资本，股东以其认购的股份为限对公司承担责任，公司以其全部资产对公司的债务承担责任的企业法人。

2. 股份有限公司的法律特征

股份有限公司与有限责任公司相比，具有以下基本特征：

（1）股份有限公司的全部资本划分为等额股份

资本是全体股东出资的总和。股份有限公司将全部资本划分为若干等额股份，有利于保证股份公司的广泛性、公开性和平等性；并且每一股份有一表决权，享有一定权利，承担一定义务。这是股份有限公司与有限责任公司最主要的区别。

（2）股份有限公司可以依法公开向社会发行股票筹集资本

股份有限公司募股集资的方式是开放性的。它通过发起设立方式或募集设立方式，在一定范围内公开发行股票筹集资本。招股时，要制定招股章程或招股说明书。

（3）股份有限公司的股份表现为股票，可以自由转让

股份有限公司的股份表现为股票。个人通过购买股票而成为股份有限公司的股东，通过销售股票而失去股东身份。因此，股东可以在证券市场上将自己持有的股票依法自由转让。

（4）股份有限公司的财务会计资料必须公开

由于股份有限公司的股东人数众多，为保护投资人的利益，公司应将经注册会计师审查验证的年度财务会计报告等予以公开。

股份有限公司可以通过发行股票，在短期内把分散在社会上的货币资源聚集在一起，从而满足大规模生产经营的需要，因此比较适合大、中型企业。

二、股份有限公司设立的条件

【案例】

王某、李某、刘某和金某准备设立华通机械设备股份有限公司。各方当事人签订了一份设立股份有限公司的协议，其内容为：公司共有股东 4 人，注册资本为人民币 400 万元，全体发起人共认购公司 30% 的股份，计 120 万元，其余股份拟向社会公开募集。

【问题】

你认为该股份有限公司能成立吗？

1. 发起人符合法定人数。发起人人数应为 2 人以上 200 人以下，其中半数以上的发起人须在中国境内有住所。

2. 有符合公司章程规定的全体发起人认购的股本总额或者募集的实收股本总额。股份有限公司采取发起方式设立的，注册资本为在公司登记机关登记的全体发起人认购的股本总额；股份有限公司采取募集方式设立的，注册资本为在公司登记机关登记的实收股本总额。

3. 股份发行、筹办事项符合法律规定。发起人必须依照规定申报设立文件，并承担公司筹办事务。

4. 发起人制定公司章程，采用募集方式设立的须经创立大会通过。

5. 有公司名称，建立符合股份有限公司要求的组织机构。

6. 有公司住所。

三、股份有限公司设立的程序

1. 发起人签订发起人协议，制定公司章程。

2. 发起人认购公司股份。

3. 发起人向社会公开募集股份。

4. 验资机构验资并出具证明。

5. 召开创立大会。

6. 申请设立登记。

【案例分析】

该股份有限公司能够成立，原因如下：

《公司法》将注册资本实缴登记制改为认缴登记制后，对股份有限公司最低注册资本、发起人认购的股份比例不再设定限制。

即学即练

A、B、C 三家国有企业由于业务拓展需要，准备组建一家股份有限公司，注册资本为人民币 5 000 万元。由于三家企业在当地往来频繁，彼此间负责人较为熟悉，因此新股份有限公司的设立基本上由当地国资委一手安排，无任何发起协议，且未制定公司章程。另外，由于三家企业资金不足，准备采取募集方式设立，但当地国资委考虑该股份有限公司前景光明，遂指定几家企业对剩余的股份进行募集，并未召开创立大会。

问题：该股份有限公司的设立合法吗？如果不合法，请指出其设立过程中存在哪些问题。

第四节　公司的变更、合并与分立

一、公司的变更

1. 公司变更的概念

公司的变更是指公司设立登记事项中某一项或某几项的改变，主要包括公司名称、住所、法定代表人、注册资本、组织形式、经营范围、营业期限、有限责任公司股东或者股份有限公司发起人的姓名或名称的变更。

2. 公司变更的主要内容

（1）公司注册资本的变更

按照《公司法》的规定，公司要遵循资本确定、资本维持和资本不变的原则，但由于公司成立后各种客观情况的变化，公司的资本处于变动之中。例如，随着公司生产经营情况和市场状况的变化，公司的资本也会相应增加或者减少，由此构成公司的增资与减资制度。

增加资本简称增资，是指公司基于筹集资金、扩大经营的目的，依照法定条件和程序增加公司注册资本的行为。有限责任公司和不上市的股份有限公司增资时，既可以按原来的出资比例由原股东追加投资，也可以吸收新股东并增加新的出资方式。上市公司一般是通过发行新股的方式增资。

减少资本简称减资，是指公司基于某种情况或需要，依照法定条件和程序，减少公司资本总额。造成公司减少注册资本的原因主要有：公司因原定资本过高形成资本闲置导致减资，或因经营不善、严重亏损导致减资。

（2）公司组织形式的变更

公司组织形式的变更是指公司依法由一种类型变更为另一种类型。其基本特征是：不中断公司法人资格，原公司正常的生产经营活动持续进行，而由一种公司变为另一种公司，即公司在必要时可以不经过解散、清算、重新设立的程序而改组为另一种公司。

二、公司的合并

【案例 1】

某日，两大生物技术公司 A 公司、B 公司宣布合并。合并采用两家公司相互换股的方式进行，即以每 62 股 A 公司的股票交换 100 股 B 公司的股票，但双方并未订立合并协议。双方公司合并事宜由两家公司的经理在餐桌上商议，双方董事会均未授予各自经理合并换股的权力。此外，新合并的公司挂牌后未到公司登记机关登记。

【问题】

在 A、B 两家公司合并过程中，哪些做法不符合规定？

1. 公司合并的概念

公司合并是指两家或两家以上的公司通过订立合并协议，依照法定程序组成一家新公司的法律行为。

2. 公司合并的形式

根据《公司法》第一百七十二条的规定，公司合并可以采取两种形式：一是吸收合并，是指一家或一家以上的公司依照合并协议并入另一家公司，被并入的公司解散，并取消法人资格；二是新设合并，是指两家或两家以上的公司合并设立一家新的公司，合并各方解散，取消原法人资格。

3. 公司合并的程序

公司合并必须遵循下列程序：

（1）公司权力机构作出合并决议。股东会是公司权力机构，公司合并应当由公司的股东会作出决议。

（2）签订合并协议。公司合并应由合并各方代表根据公司权力机构作出的决议，签订书面合并协议。

（3）编制资产负债表及财产清单。

（4）通知债权人并发布公告。公司应当自作出合并决议之日起 10 日内通知债权人，并于 30 日内在报纸上发布公告。债权人自接到通知书之日起 30 日内，未接到通知书的自发布公告之日起 45 日内，有权要求公司清偿债务或者提供相应的担保。

（5）依法进行登记。报经公司权力机构批准后，合并各方应向公司登记机关申请办理合并登记，包括注销登记和变更登记。

【案例1分析】

在A、B两家公司合并过程中，不合法的事项主要有：①A公司与B公司在合并过程中未订立并购协议；②双方公司合并没有经过股东会决议；③新合并的公司没有到公司登记机关登记。

三、公司的分立

【案例2】

某市一家大型公司——通利制药公司由于研发需要，拟单独分立出一家生物制药公司。但是分立之后，该生物制药公司并未独立经营，甚至原通利制药公司和新设立的生物制药公司的研发经费都相互通用。另外，分立后的生物制药公司在市场监督管理部门登记注册为通利制药公司分公司。

【问题】

该生物制药公司的分立程序合法吗？其是否具有独立的法人资格？

1. 公司分立的概念

公司分立是指一家公司依法分成两家或两家以上公司的法律行为。公司分立的形式有两种：一是新设分立，二是存续分立。新设分立是指新设两家以上公司，原公司解散。存续分立是指从原公司中分立出新的公司，原公司仍然存在。

2. 公司分立的程序

公司分立的程序与公司合并的程序基本相同。公司分立应当由公司的股东大会作出决议，签订分立协议，通知债权人，并依法向公司登记机关办理变更登记。公司分立前的债务按达成的协议由分立后的公司承担。不清偿债务或者不对债务提供相应担保的，公司不得分立。

【案例2分析】

从公司分立的概念中可以看出，新分立的公司必须独立经营、独立承担责任。而本案例中新设立的生物制药公司既没有独立经营，又没有到市场监督管理部门重新登记，其实质是原公司的分公司，违背了《公司法》关于公司分立的规定，故该公司分立无效，新的生物制药公司也不具有独立的法人资格。

即学即练

方圆有限责任公司是一家从事文化用品批发的有限责任公司，由于市场不景气，加上股东内耗严重，公司负债累累。在一次股东会会议上，股东李某提议将方圆有限责任公司分立为两家公司，一家叫天方有限责任公司，另一家叫地圆有限责任公司，由天方公司利用原方圆公司的净资产，由地圆公司承担原方圆公司的债务。提议经股东大会一致通过。随后，分立各方办理了相应的登记、注销手续。不久，原方圆公司的债权人飞虹有限公司找上门来，发现地圆公司资不抵债，遂要求天方公司承担连带债务。天方公司拿出分立协议书，拒不偿还原方圆公司的债务。

问题：按照《公司法》的规定，方圆有限责任公司的分立程序合法吗？

第五节 公司的解散与清算

一、公司的解散

【案例 1】

华星公司成立于某年 3 月，注册资本为人民币 100 万元。黄某、彭某、梁某为公司股东，其中黄某占公司 40% 的股份，彭某、梁某各占公司 30% 的股份。同年 10 月，华星公司陷入难以维持的状态，公司股东黄某认为自己所占股权份额最大，于是决定解散公司。

【问题】

股东黄某解散公司的做法合法吗?

1. 公司解散的概念

公司解散是指已成立的公司，因发生法律或公司章程规定的解散事由而停止营业活动，开始处理未了结事务，并逐步终止其法人资格的行为。

2. 公司解散的类型

（1）任意解散

任意解散是指由公司发起人或股东约定或决议公司解散，其事由包括以下三个方面:

1）公司章程规定的营业期限届满或公司章程规定的其他解散事由出现。

2）股东会或者股东大会决议解散。

3）因公司合并或分立而解散。

（2）强制解散

强制解散是指因主管机关或法院判决而导致公司解散，其事由包括以下两个方面:

1）命令解散。公司成立后，在进行生产经营活动的过程中，如违反国家法律法规，实施危害社会公共利益的行为，登记主管机关有权命令其解散，吊销其营业执照。

2）判决解散。当公司出现股东无力解决的不得已事由，公司董事的行为危及公司存亡时，或当公司业务遇到困难，公司的财产有遭受重大损失之嫌时，持有一定比例的出资额或股份的股东，有权请求法院解散公司。

【案例 1 分析】

虽然股东黄某在华星公司中所占股权份额最大，但是根据《公司法》的规定，公司解散必须由股东会或股东大会讨论决议，所以黄某私自解散公司的做法不合法。

二、公司的清算

【案例 2】

北京市某电子科技有限公司出现运营危机，资不抵债，故申请解散公司，现进入清算程序。但公司清算组并未及时通知债权人，同时，公司在清理剩余财产时，大部分资金被股东分割。后来，债权人上门索要欠款，才发现公司已经解散清算。

【问题】

该公司清算组的做法是否合法？如果不合法，存在哪些问题？

1. 公司清算的概念

公司清算是指公司解散后，为最终了结现存的财产和其他法律关系，依照法定程序，对公司的财产和债权债务关系进行清理、处分和分配，从而消灭公司法人资格的法律行为。公司除因合并或分立而解散外，其他原因引起的解散，均须经过清算程序。

2. 公司清算的程序

（1）发布公告，进行债权登记

清算组应当自成立之日起 10 日内通知债权人，并于 60 日内在报纸上发布公告。债权人应当自接到通知书之日起 30 日内，未接到通知书的自发布公告之日起 45 日内，向清算组申报其债权。

（2）清理公司资产，制订清算方案

清算组在清理公司财产、编制资产负债表和财产清单后，应当制订清算方案，并报股东会、股东大会或人民法院确认。清算组在清理公司财产、编制资产负债表和财产清单后，发现公司财产不足清偿债务的，应当立即向人民法院申请宣告破产。公司经人民法院裁定宣告破产后，清算组应将清算事务移交给人民法院。

（3）清偿债务，分配剩余财产

公司财产能够清偿公司债务的，在分别支付清算费用、职工工资、社会保险费用和法定补偿金，缴纳所欠税款，清偿公司债务后的剩余财产，有限责任公司按照股东的出资比例分配，股份有限公司按照股东持有的股份比例分配。

（4）申请注销登记，公告公司终止

公司清算结束后，清算组应当撰写清算报告，报股东会、股东大会或人民法院确认，并报送公司登记机关，申请注销登记，公告公司终止。

【案例 2 分析】

本案例中，北京市某电子科技有限公司清算组违反了《公司法》的规定。一方面，清算组在清理公司财产时不应把所得资金给予股东，而应作为公司资产进行处理；另一方面，公司解散清算时应立即通知债权人，但公司清算组没有履行通知义务，有逃避债务之嫌。

思考与练习

一、简答题

1. 有限责任公司成立的条件有哪些？

2. 试说明有限责任公司与股份有限公司的区别。

3. 公司清算的程序有哪些？

二、案例分析题

A、B、C 三人设立了一家有限责任公司，注册资本为人民币 50 万元。公司登记时，三人认为私交甚笃，遂交由股东 A 代拟公司章程。A 应付了事，随便拟了份合伙协议，B、C 二人当时也未表示异议。公司运营一段时间后，由于资金周转困难，三人商议将注册资本抽出，以备不时之需。公司成立之初，市场较为活跃，运营比较正常，谁料好景不长，该公司的运转形势慢慢恶化，濒临破产。最终该公司由于资不抵债，债台高筑，A、B、C 三人准备解散公司。在对公司进行清算时，清算组先行赔付债权人、支付公司债务，其次缴纳税款，最后在支付所欠职工工资时，发现账户上已没有资金。

问题：

（1）公司成立时，股东有哪些不合法的行为？

（2）注册资本可以随意抽逃吗？

（3）公司清偿债务时顺序合理吗？

《中华人民共和国公司法》全文

第二章 合同法

合同是交易的法律形式，合同法是市场经济的核心交易规则，是市场经济的基本法律制度。本章从合同的概念和特征入手，就合同的内容和形式、合同的订立、合同的履行，以及合同的变更、转让与终止等作了具体阐述。

学习目标

1. 了解合同及合同法的概念和特征，掌握合同的主要类型、适用范围及基本原则，重点掌握合同中要约、承诺的基本概念及成立条件，理解合同成立的法律效力，掌握合同的内容和形式要件以及缔约过失责任的概念和构成要件。

2. 了解合同效力、合同履行的概念，重点学习附条件和附期限合同的相关内容，理解无效合同、效力待定合同以及可撤销合同制度，重点掌握双务合同履行中的抗辩权及其分类，熟悉合同履行的保全内容。

3. 了解合同变更的条件、合同权利转让的范围及效力，掌握合同义务转移的类型及效力，熟悉合同终止的具体情形和合同解除的两种不同方式，理解违约责任的归责原则和构成要件，熟悉承担违约责任的形式。

第一节　合同法概述

一、合同的概念、特征和分类

1. 合同的概念

合同是平等主体的自然人、法人、其他组织之间设立、变更、终止民事权利义务关系的协议。

2. 合同的特征

（1）合同是平等主体所实施的一种民事行为

合同各方当事人的法律地位是平等的，其交易建立在自愿、平等、互利的基础上。

（2）合同以设立、变更或终止民事权利义务关系为目的

当事人订立合同的预期法律后果就是设立、变更、终止民事权利义务关系。一旦合同订立并生效，当事人就应依照合同的约定享有权利和承担义务。

（3）合同是当事人协商一致的产物

民事行为以意思表示为基本要素，平等主体之间协商一致时，便产生了订立合同的合意。

3. 合同的分类

合同的分类见表2—1。

表2—1　合同的分类

合同分类方法	类别	含义
根据合同当事人权利义务的分担方式划分	双务合同	双方当事人都享有权利和承担义务的合同，如买卖合同、租赁合同、承揽合同等
	单务合同	合同当事人一方只享有权利而不承担义务，另一方则只承担义务而不享有权利的合同，如无偿借用合同

续表

合同分类方法	类别	含义
根据当事人的权利有无对价划分	有偿合同	一方当事人须给予他方相应的权利才能取得自己利益的合同，如买卖合同
	无偿合同	合同当事人一方取得利益无须偿付任何代价的合同，如赠与合同
根据法律是否有规定的形式划分	要式合同	法律规定合同必须具备特定的形式才能成立或者生效的合同，如房地产买卖合同
	不要式合同	法律没有要求特定形式的合同，如保管合同
根据法律有无特定的名称划分	有名合同	法律上规定了具体名称和规则的合同，《中华人民共和国合同法》（以下简称《合同法》）规定了买卖合同、借款合同、赠与合同等 15 种合同
	无名合同	法律未规定名称，也就无从为其设定具体规则的合同
根据合同之间是否存在主从关系划分	主合同	不需要以其他合同为存在前提而独立存在的合同
	从合同	以其他合同的存在为前提，自身不能独立存在的合同

二、合同法的概念、特征和适用范围

1. 合同法的概念

合同法是调整平等主体的自然人、法人、其他组织之间设立、变更、终止民事权利义务关系的法律规范的总称。

2. 合同法的特征

（1）合同法强调主体平等、自愿协商、等价有偿的原则。

（2）合同法贯彻契约自由的原则。

（3）合同法从动态的角度为当事人提供财产关系的法律保护。

3.《合同法》的适用范围

（1）《合同法》调整的是平等主体之间的民事权利义务关系。政府的经济管理活动属于行政管理关系，不适用《合同法》；企业、单位内部的管理关系，不是平等主体之间的民事法律关系，也不适用《合同法》。

（2）关于婚姻、收养、监护等有关身份关系的协议，适用其他法律的规定，不适用《合同法》。

（3）《合同法》主要调整法人及其他组织之间的经济关系，也调整自然人之间及自然人与法人、其他组织之间的合同关系，还调整具有涉外因素的合同关系。

（4）无名合同适用《合同法》总则的规定。其他法律对合同另有规定的，依照其规定。

三、《合同法》的基本原则

【案例】

卖方甲公司与买方乙公司签订了一份供应和安装某一特殊生产线的合同，其中一项条款规定：就生产线技术所作的任何改进，卖方甲公司均有义务告知买方乙公司。1年后，乙公司了解到有一项重要技术未得到甲公司的通知。于是，乙公司要求甲公司承担违约责任。甲公司则认为自己不用承担违约责任，因为公司已经将合同所涉及的生产线的生产转让给了自己的全资子公司丙公司承担。

【问题】

你认为甲公司的抗辩理由是否成立？

《合同法》的基本原则是合同立法的准则，是人民法院、仲裁机构在审理、仲裁合同纠纷时应遵循的原则，也是合同当事人应当遵守的基本准则。《合同法》在总则部分规定了以下基本原则。

1. 平等原则

《合同法》第三条规定："合同当事人的法律地位平等，一方不得将自己的意志强加给另一方。"合同当事人法律地位平等是贯彻《合同法》其他基本原则的前提和基础。合同当事人各方应在权利义务对等的基础上订立合同。

2. 自愿原则

《合同法》第四条规定："当事人依法享有自愿订立合同的权利，任何单位和个人不得非法干预。"自愿是贯穿合同行为整个过程的基本原则。

3. 公平原则

《合同法》第五条规定："当事人应当遵循公平原则确定各方的权利和义务。"《合同法》的公平原则要求当事人在追求自身利益时不得滥用权利，不得在合同中约定显失公平的内容。

4. 诚实信用原则

《合同法》第六条规定："当事人行使权利、履行义务应当遵循诚实信用原则。"它要求合同当事人在订立和履行合同的过程中，讲究信用、恪守诺言、诚实不欺，善意地行使权利、履行义务。

5. 守法并且不损害社会公共利益原则

守法并且不损害社会公共利益原则又称为公序良俗原则。《合同法》第七条规定："当事人订立、履行合同，应当遵守法律、行政法规，尊重社会公德，不得扰乱社会经济秩序，损害社会公共利益。"

【案例分析】

本案例中，卖方甲公司为了规避自己技术改进的告知义务，将合同所涉及的生产线的生产转让给全资子公司，违背了合同法的诚实信用原则，其抗辩理由不成立，应当承担违约责任。

即学即练

小马曾向收藏家李某表示，要将其名下一传家宝交给李某保管，并许诺支付李某一笔费用，李某答应其要求。半个月后，李某见小马未将该物拿来，便打电话询问，小马表示反悔。

问题：小马的行为是否违反《合同法》的基本原则?

第二节　合同的订立

合同的订立是合同双方当事人依法就合同的全部内容，经过协商一致而达成协议的法律行为。根据《合同法》的规定，合同的订立包括订立合同的主体资格、合同的内容和形式、订立合同的程序、合同成立的时间与地点、缔约过失责任等基本内容。

一、订立合同的主体资格

1. 当事人的主体资格

当事人是合同法律关系的主体，根据《合同法》的规定，自然人、法人、其他组织都可以作为合同的当事人。当事人订立合同，应当具有相应的民事权利能力和民事行为能力，对不具有民事主体资格的，不能作为当事人发生合同关系。

2. 代理人的代理资格

根据《合同法》的规定，当事人依法可以委托代理人订立合同。代理人为委托人订立合同，必须事先取得委托人的委托证明，并根据授权范围以委托人的名义签订，才能对委托人产生权利和义务。

二、合同的内容和形式

【案例 1】

印 刷 合 同

宏达公司委托得利印刷厂印制 2019 年挂历，数量为 100 册，每册印刷费用为人民币20元，定于2018年12月27日交货，货到付款。

宏达公司公章　　　　　　　　　　　　得利印刷厂公章

2018年11月20日

【问题】

你认为这份合同有哪些不足？

1. 合同的内容

《合同法》遵循契约自由原则，《合同法》规范属于任意法规范，当事人可自由约定合同的内容。《合同法》第十二条规定了合同基本示范性条款，合同的内容一般包括以下条款：

（1）当事人的名称或者姓名和住所。

（2）标的，即合同当事人双方权利和义务所共同指向的对象。

（3）数量。

（4）质量。

（5）价款或者报酬。

（6）履行期限、地点和方式。

（7）违约责任。

（8）解决争议的方法。

【案例1分析】

案例中所列合同仅从内容来说便存在很多缺漏：①标的不明确，应明确指出挂历的内容、版本、规格等标准；②质量规定不明确，没有明确规定挂历的纸张、印刷等方面的情况；③履行的地点和方式没有规定；④违约责任没有规定；⑤没有各自单位法定代表人或经办人的签章。

2. 合同的形式

（1）书面形式

书面形式是指合同书、信件和数据电文（包括电报、电传、传真、电子数据交换和电子邮件）等可以有形地表现所载内容的形式。

（2）口头形式

口头形式简便易行，在日常生活中经常被采用。例如，集市的现货交易、商店里的零售等都采用口头形式。

（3）其他形式

当事人未用语言、文字表达其意思表示，仅用行为向对方发出要约，对方接受该要约，作出一定或指定的行为作为承诺，合同成立。例如，商店安装自动售货机，顾客将规定的货币投入机器内，合同即成立。

三、订立合同的程序

订立合同的程序是指当事人订立合同的步骤和必须经过的阶段。《合同法》第十三条规定："当事人订立合同，采取要约、承诺方式。"要约和承诺，其实就是合同当事人就合同内容进行协商，达成一致意见的过程，是合同订立的一般程序。

【案例 2】

某果品公司因市场上西瓜脱销，向新疆某农场发出一份传真："我市场西瓜脱销，贵方如有充足货源，我公司欲购 10 车皮西瓜。望能及时回电与我公司联系，协商相关事宜。"农场因西瓜丰收，正愁没有销路，接到传真后喜出望外，立即组织 10 车皮西瓜给果品公司发去，并回电："10 车皮的货已发出，请注意查收。"而在果品公司发出传真后、农场回电前，外地西瓜大量涌入，价格骤然下跌。接到农场回电后，果品公司立即复电："因市场发生变化，贵方发来的货，我公司不能接收，望能通知承运方立即停发。"但因货物已经起运，农场不能改卖他人。因为果品公司拒收，农场指责果品公司违约，并向法院起诉。

【问题】

法院支持农场的诉讼请求吗？

1. 要约

（1）要约的概念和条件

要约是希望和他人订立合同的意思表示。发出要约的当事人称为要约人，要约人所指向的对方当事人称为受要约人。要约应当具备下列条件：

1）内容具体明确。即要约人希望订立合同的基本条款要具体明确，不可含混不清。

2）表明经受要约人承诺，要约人即受该意思表示的约束。就是说，要约人向受要约人表明，要约经受要约人接受或同意，合同即告成立，要约人就要受到要约的约束。

（2）要约邀请

要约邀请又称要约引诱。《合同法》第十五条规定："要约邀请是希望他人向自己发出要约的意思表示。"要约邀请是当事人订立合同的预备行为，在发出要约邀请时，当事人处于订约的准备阶段。要约邀请只是引诱他人发出要约，并不具有法律约束力。《合同法》第十五条规定："寄送的价目表、拍卖公告、招标公告、招股说明书、商业广告等为要约邀请。商业广告的内容符合要约规定的，视为要约。"

（3）要约的生效

要约的生效是指要约所要发生的法律效力，即要约对要约人和受要约人产生的法律约束力。《合同法》第十六条规定："要约到达受要约人时生效。采用数据电文形式订立合同，收件人指定特定系统接收数据电文的，该数据电文进入该特定系统的时间，视为到达时间；未指定特定系统的，该数据电文进入收件人的任何系统的首次时间，视为到达时间。"

（4）要约的撤回和撤销

要约的撤回是指在要约生效之前，要约人取消要约的行为。《合同法》第十七条规定："要约可以撤回。撤回要约的通知应当在要约到达受要约人之前或者与要约同时到达受要约人。"

要约的撤销是指要约人在要约生效后取消要约的行为。《合同法》第十八条规定："要约可以撤销。撤销要约的通知应当在受要约人发出承诺通知之前到达受要约人。"有下列情形之一的，要约不得撤销：

1）要约人确定了承诺期限或者以其他形式明示要约不可撤销。

2）受要约人有理由认为要约是不可撤销的，并已经为履行合同做了准备工作。

（5）要约的失效

要约的失效是指要约丧失了对要约人和受要约人的法律约束力。有下列情形之一的，要约失效：

1）拒绝要约的通知到达要约人。

2）要约人依法撤销要约。

3）承诺期限届满，受要约人未作出承诺。

4）受要约人对要约的内容作出实质性变更。

【案例 2 分析】

法院不会支持农场的诉讼请求。本案例中双方发生纠纷的原因是农场没有理解要约和要约邀请的区别。果品公司发给农场的传真是询问农场是否有货源，虽然果品公司在发给农场的传真中提到了具体数量和品种，但同时希望农场回电通报情况。因此，果品公司的传真可视为要约邀请。农场没有按果品公司的传真要求通报情况，在直接向果品公司发货后，才实施向果品公司回电的行为，属于要约。在此种情况下，如果果品公司接收这批货物，其接收行为就是承诺，意味着合同成立。但由于果品公司拒绝接收货物，故此笔买卖没有承诺，合同不成立。基于上述原因，法院判决农场败诉，果品公司不承担赔偿责任。

2. 承诺

（1）承诺的概念和条件

承诺是受要约人同意要约的意思表示。承诺必须具备下列条件：

1）承诺必须由受要约人向要约人作出。这里包括两层意思：一是承诺必须由受要约人作出；二是承诺是对要约的同意，必须向要约人作出。

2）承诺的内容应当与要约的内容一致。受要约人对要约内容进行限制、扩张或作出实质性变更的，就不是承诺，而是一项新的要约。

3）承诺必须在规定的期限内作出。《合同法》第二十三条规定，承诺应当在要约确定的期限内到达要约人。要约没有确定承诺期限的，承诺应当依照下列规定到达：要约以对话方式作出的，应当即时作出承诺，但当事人另有约定的除外；要约以非对话方式作出的，承诺应当在合理期限内到达。

（2）承诺的方式

《合同法》第二十二条规定，承诺应当以通知的方式作出。通知的方式可以是口头形式或书面形式，但根据交易习惯或者要约表明可以通过行为作出承诺的除外，即承诺也可以通过行为作出。

（3）承诺的生效

《合同法》第二十六条规定，承诺通知到达要约人时生效。承诺不需要通知的，根据交易习惯或者要约的要求作出承诺的行为时生效。承诺人采用数据电文形式订立合同的，收件人指定特定系统接收数据电文的，该数据电文进入该系统的时间，视为承诺到达时间；未指定特定系统的，该数据电文进入收件人的任何系统的首次时间，视为承诺的到达时间。承诺生效时，合同成立。

（4）承诺的撤回

承诺的撤回是指承诺人阻止或者消灭承诺发生法律效力的意思表示。《合同法》第二十七条规定："承诺可以撤回。撤回承诺的通知应当在承诺通知到达要约人之前或者与承诺通知同时到达要约人。"

四、合同成立的时间与地点

1. 合同成立的时间

【案例3】

某制衣厂（以下简称甲方）为生产高档毛衣向某机械厂（以下简称乙方）订购了一套机织设备。双方本应按照约定签订书面合同，但由于乙方明确表示肯定能够在两个月内送货上门并安装调试至顺利生产，故双方没有签订书面合同。两个月后，乙方准时将设备送到甲方处，并进行了安装调试。在安装完毕之后的试生产过程中，机器出现故障。甲方请乙方的专业人员又进行了两次调试，故障仍未排除，于是甲方以合同未采用法律规定的书面形式为由，要求认定合同不成立并退货。

【问题】

甲方以此理由能达到退货的目的吗?

《合同法》第二十五条规定："承诺生效时合同成立。"当事人约定采用合同书形式订立合同的，自双方当事人签字或者盖章时合同成立。当事人采用信件、数据电文等形式订立合同的，可以在合同成立之前要求签订确认书，签订确认书时合同成立。

【案例3分析】

甲方不能退货，这主要是因为甲方的请求没有法律依据。本案例中，双方虽然没有按法律规定签订书面合同，但是合同当事人甲方发出要约之后，乙方作出了承诺并实际履行了主要义务，而甲方也欣然接受，根据《合同法》的规定，承诺生效时合同成立。因此，双方达成的协议已经成立。至于机器没有调试成功，乙方应当继续调试。如果多次调试均不成功，设备的确存在质量问题，可以认为乙方没有按合同的要求履行，甲方可以请求换货；如果乙方的确不能提供合格产品，也可以请求解除合同，但不能请求认定合同不成立。

2. 合同成立的地点

《合同法》第三十四条规定："承诺生效的地点为合同成立的地点。采用数据电文形式订立合同的，收件人的主营业地为合同成立的地点；没有主营业地的，其经常居住地为合同成立的地点。当事人另有约定的，按照其约定。"《合同法》第三十五条规定："当事人采用合同书形式订立合同的，双方当事人签字或者盖章的地点为合同成立的地点。"

五、缔约过失责任

1. 缔约过失责任的概念

缔约过失责任是指当事人在订立合同过程中，因违背诚实信用原则而给对方造成损失时，依法应承担的损害赔偿责任。

2. 缔约过失责任的情形

《合同法》第四十二条规定，当事人在订立合同过程中有下列情形之一，给对方造成损失的，应当承担损害赔偿责任：

（1）假借订立合同，恶意进行磋商。

（2）故意隐瞒与订立合同有关的重要事实或者提供虚假情况。

（3）有其他违背诚实信用原则的行为。

即学即练

某年8月15日，文峰公司从报纸上看到佳佳公司登载的一则广告，介绍了佳佳公司生产的新型热水器，价格为每台500元，多买可以优惠。而文峰公司所在的城市市场上这种新型热水器紧俏，于是文峰公司立即发邮件给佳佳公司，邮件内容为："如价格能降低10%，则欲购贵公司生产的热水器200台，货到后验收合格即付款。"佳佳公司收到邮件后于8月20日向文峰公司寄出信件表示同意。该信件于8月23日寄到文峰公司，文峰公司的经理于8月25日知悉该信内容，并于8月26日打电话告知佳佳公司，说已收到信件。

问题：

（1）佳佳公司在报纸上刊登广告的行为属于要约还是要约邀请？

（2）文峰公司与佳佳公司所达成的合同内容有哪些？

第三节　合同的效力

合同的效力是指已成立的合同对合同当事人所产生的法律上的约束力。根据合同是否具有法律上的约束力，可将合同分为有效合同、无效合同、效力待定合同和可撤销合同四种。

一、有效合同

【案例 1】

某粮油公司（以下简称甲方）引进一套生产食用色拉油的设备，在设备尚未投入使用之时，2018 年 10 月 30 日，某工厂（以下简称乙方）找到甲方购买色拉油。因甲方要一个月以后才能正式生产，所以其与乙方签订的合同明确规定在一个月后生效，而乙方也向甲方提出在 12 月 30 日前必须交货。到了 12 月 30 日，乙方未收到甲方生产的色拉油，便打电话询问，要求甲方最迟于 2019 年 1 月 1 日交货，否则将解除合同。甲方答复到时保证送货。但直到 2019 年 1 月 3 日，甲方才将乙方需要的色拉油送到乙方处。乙方拒收，甲方认为乙方违约，遂向法院起诉，要求乙方收货并支付货款。

【问题】

甲方的请求能得到法院的支持吗？

有效合同是指具备了合同的生效要件，对合同当事人产生法律效力的合同。

1. 合同生效的时间

《合同法》根据不同的情况规定了合同生效的时间。

（1）合同成立时生效

依法成立的合同，自成立时生效。法律、行政法规规定应当办理批准、登记等手续生效的，依照其规定办理批准、登记等手续后生效。

（2）附生效条件的合同，自条件成就时生效

当事人对合同的效力可以约定条件。附生效条件的合同，自条件成就时生效；附解除条件的合同，自条件成就时失效。当事人为了自己的利益不正当地阻止条件成就的，视为条件已成就；不正当地促成条件成就的，视为条件不成就。

（3）附生效期限的合同，自期限届满时生效

当事人对合同的效力可以约定期限。附生效期限的合同，自期限届满时生效；附终止期限的合同，自期限届满时失效。

2. 一般合同有效的要件

（1）行为人具有相应的民事行为能力

行为人必须具有正确理解自己的行为性质和后果、独立地表达自己意思的能力。

（2）意思表示真实

意思表示真实是指表意人的行为应当真实地反映其内在意志。

（3）不违反法律和社会公共利益

合同不违反法律是指合同不得违反法律的强制性规定。社会公共利益是指广大公民所应享受的利益。

（4）合同必须具备法律所要求的形式

我国法律认同当事人可以依法选择合同的形式。

【案例 1 分析】

甲方的请求无法律依据，不能获得法院的支持。双方订立的是附生效期限的合同，当事人之间订立的合同于合同签订后一个月生效。合同中约定的甲方交货期限是 2018 年 12 月 30 日，甲方未按时交货，构成迟延履行，并且在乙方确定的宽限期内仍未交货，乙方有权解除合同，拒收货物。

二、无效合同

【案例 2】

张某在上海经商，因资金周转困难，故委托陈某帮忙卖掉家里的轿车。陈某建议自己的表弟将车买下来，但其表弟表示自己一时拿不出那么多钱，问陈某能不能便宜点。陈某便欺骗张某说，车子出了些故障一时卖不出去，看能不能降价出售。张某听到这个消息后表示同意，于是陈某便以很低的价格将车子卖给了其表弟。几个月后，张某得知事情真相，感觉自己受到了愚弄，便要求陈某返还轿车。双方争执不下，张某将陈某告上了法庭。

【问题】

张某能否要回他的轿车？

1. 无效合同的概念

无效合同是指因违反法律、行政法规规定的生效条件而不发生法律效力的合同。无效合同自合同订立之日起就不具有法律约束力，国家不予承认和保护。

2. 无效合同的情形

有下列情形之一的，合同无效：

（1）一方以欺诈、胁迫的手段订立合同，损害国家利益。

（2）恶意串通，损害国家、集体或者第三人利益。

（3）以合法形式掩盖非法目的。

（4）损害社会公共利益。

（5）违反法律、行政法规的强制性规定。

【案例 2 分析】

此案例属于在签订合同过程中恶意串通损害他人利益的情形。《合同法》规定，当事人恶意串通，损害国家、集体或者第三人利益，因此取得的财产收归国家所有或者返还集体、第三人，且合同无效。恶意串通是指合同当事人在订立合同过程中，为了谋取不法利益合谋实施的违法行为。本案例中，张某委托陈某帮助自己将家里的轿车卖掉，张某与陈某之间实际上已经构成了委托关系，陈某本应该为张某的利益着想，但他为了谋取不法利益与自己的表弟串通，损害车主张某的利益，这一行为显然构成了恶意串通。因此，根据法律的规定，在签订合同过程中恶意串通损害他人利益，合同无效。陈某的表弟应将张某的轿车返还给张某。对于张某的损失，陈某与其表弟还应该承担相应的赔偿责任。

三、效力待定合同

1. 效力待定合同的概念

效力待定合同是指合同虽然已经成立，但因其不完全符合有关生效要件的规定，因此其效力能否发生尚未确定，一般须经有权人承认才能生效。

2. 效力待定合同的情形

（1）无民事行为能力人所订立的合同。

（2）限制民事行为能力人依法不能独立订立的合同。

（3）无权代理订立的合同。

四、可撤销合同

【案例 3】

杨某上网浏览时，在某公司 IT 商城开设的新惠普金牌店网页上看到该公司正在开展“全新惠普笔记本电脑网上促销”活动，其中有一新款惠普笔记本电脑上市，网页上显示“市场价 14 499.00 元，实价 1 100.00 元”。杨某立刻提交了订单，系统提示订单有效。然而当天下午，该公司向杨某发来邮件，声明由于公司疏忽，将笔记本电脑的实际价格 11 000.00 元误写为 1 100.00 元，该公司表示原订单无效，并以标错价格为由拒绝交付电脑。杨某不接受，于是该公司向法院提起诉讼，要求解除双方的买卖合同。法院经审理后判决双方撤销合同。

【问题】

法院为什么会作出这样的判决？

1. 可撤销合同的概念

可撤销合同是指合同当事人订立合同时意思表示不真实，通过有撤销权的当事人行使撤销权，使已经生效的合同变更或归于无效的合同。

2. 可变更、可撤销合同的情形

《合同法》第五十四条规定，有下列情形之一的，当事人一方有权请求人民法院或者仲裁机构变更或者撤销合同：

（1）因重大误解订立的合同。

（2）在订立合同时显失公平的。

（3）因欺诈、胁迫订立的合同。

（4）乘人之危订立的合同。

【案例 3 分析】

网上显示的价格与市场上相同型号的笔记本电脑的交易价格相差 10 倍以上。这种标错价格的行为显然是该公司因失误造成的，并不是出于自愿。如果按此价格进行交易，将会给该公司带来较大的损失。况且，该公司在杨某提交订单的当天下午就给杨某发来邮件，声明因为疏忽误写了价格，并表示订单无效。因重大误解订立的合同，当事人一方有权请求人民法院或者仲裁机构变更或者撤销合同。

即学即练

17 岁的袁某是一名中学生，他沉迷于网吧聊天、打游戏，经常夜不归宿。由于花销大，手中又没钱，于是袁某想出一个“妙计”：趁父母回南方老家未归之际，将自家80平方米的房屋以每月80元的低价租给郑某，租期5年，双方签订了合同。同年8月，袁某父母从南方老家回来后无处安身，于是找到郑某交涉，要求解除合同，郑某不同意。无奈，袁某父母向法院提起诉讼，请求解除合同。

问题：袁某父母的请求能否得到法院的支持？

第四节　合同的履行

一、合同履行的概念

合同履行是指合同生效后，双方当事人按照合同约定的各项内容，完成各自应承担的义务的行为。当事人完成了自己应尽的全部义务，称为全部履行；当事人只完成了自己应尽的一部分义务，称为部分履行。就一份合同而言，当事人只有完成了应尽的全部义务，合同才算履行终止。

合同的履行是《合同法》法律约束力的首要表现。合同当事人应当遵循诚实信用原则，严格、全面地履行合同义务。

二、合同履行的原则

合同履行的原则见表2—2。

表2—2　合同履行的原则

履行原则的类别	含义
实际履行原则	当事人应严格按照合同约定的标的履行。这一原则要求： （1）当事人须严格按照约定的标的履行，不能以其他标的代替 （2）当事人一方不履行合同时，他方可以要求继续履行
协作履行原则	当事人在履行合同过程中应相互协作，讲求诚实信用
经济合理原则	该原则要求当事人履行义务时，要讲求经济效益，要从整体和国家利益的角度出发
全面履行原则	当事人应按照法律的规定或合同的约定，全面、正确地履行义务，故又称全面履行或正确履行原则
情势变更原则	合同成立后至履行前，发生当事人在订约时预料不及的客观情况，致使按原合同履行显失公平时，当事人可以不按照原合同履行，而变更或解除合同

三、合同履行的规则

1. 当事人就有关合同内容不明确时的确定规则

合同生效后，当事人就质量、价款或者报酬、履行地点等内容没有约定或者约定不明确的，可以协议补充；不能达成补充协议的，按照合同有关条款或者交易习惯确定。当事人就有关合同内容约定不明确，依照上述规定仍不能确定的，适用下列规定：

（1）质量要求不明确的，按照国家标准、行业标准履行；没有国家标准、行业标准的，按照通常标准或者符合合同目的的特定标准履行。

（2）价款或者报酬不明确的，按照订立合同时履行地的市场价格履行；依法应当执行政府定价或者政府指导价的，按照规定履行。

（3）履行地点不明确，给付货币的，在接受货币一方所在地履行；交付不动产的，在不动产所在地履行；其他标的，在承担义务一方所在地履行。

（4）履行期限不明确的，债务人可以随时履行，债权人也可以随时要求履行，但应当给对方必要的准备时间。

（5）履行方式不明确的，按照有利于实现合同目的的方式履行。

（6）履行费用的负担不明确的，由履行义务一方负担。

2. 执行政府定价或者政府指导价的合同的价格履行规则

执行政府定价或者政府指导价的，在合同约定的交付期限内政府价格调整时，按照交付时的价格计价。逾期交付标的物的，遇价格上涨时，按照原价格执行；价格下降时，按照新价格执行。逾期提取标的物或者逾期付款的，遇价格上涨时，按照新价格执行；价格下降时，按照原价格执行。

四、合同履行的抗辩权

【案例】

甲、乙两家公司签订钢材买卖合同。合同约定：乙公司向甲公司提供钢材，总价款500万元，甲公司预支价款200万元。在支付预付款前，甲公司得知乙公司因经营不善无法交付钢材，并有确切证据证明。于是，甲公司拒绝支付预付款，除非乙公司能提供一定的担保，而乙公司拒绝提供担保。为此，双方发生纠纷并诉至法院。

【问题】

（1）甲公司拒绝支付预付款是否合法？

（2）甲公司行使的是什么权利？

合同履行的抗辩权是指在双务合同中，一方当事人依法具有对抗对方当事人的履行请求或者否认对方权利主张的权利。根据《合同法》的规定，在合同履行过程中，当事人可享有同时履行抗辩权、先履行抗辩权和不安抗辩权。

抗辩权的类别及其相应的构成要件见表2—3。

表2—3　　抗辩权的类别及其相应的构成要件

抗辩权的类别	构成要件
同时履行抗辩权	（1）须因同一双务合同而互负债务 （2）须双方互负的债务均已到偿还期限 （3）须对方未履行债务或未提出履行债务 （4）双方债务无先后履行顺序
先履行抗辩权	（1）须双方当事人互负债务 （2）两个债务须有先后履行顺序 （3）先履行一方未履行或其履行不符合债务的本旨
不安抗辩权	（1）双方当事人因同一双务合同而互负债务 （2）后给付义务人的履行能力明显下降，有不能履行给付义务的现实危险

【案例分析】

甲公司拒绝支付预付款是合法的。甲公司作为须先行给付的一方当事人，在对方于缔约后财产状况明显恶化，且未提供适当担保，可能危及其债权实现时，可以中止履行合同，保护权益不受损害。因此，在发生纠纷时，法院应支持甲公司的主张，甲公司行使的是不安抗辩权。

五、合同的保全

为防止因债务人的财产不当减少而给债权人的债权带来危害，法律允许债权人为保全债权的实现而采取的法律措施，称为合同的保全措施。合同保全的形式包括代位权和撤销权两种。

1. 代位权

代位权是指因债务人怠于行使其到期债权而对债权人造成损害时，债权人可以向人民法院请求以自己的名义行使债务人债权的权利。债权人代位权的行使，必须符合下列条件：

（1）债权人对债务人的债权合法。

（2）债务人怠于行使其到期债权，对债权人造成损害。

（3）债务人的债权已到期。

（4）债务人的债权不是专属于债务人自身的债权。

代位权的行使范围以债权人的债权为限，债权人行使代位权的必要费用由债务人负担。

2. 撤销权

撤销权是指债权人对债务人不当处分其财产而危害到债权实现的行为，可请求人民法院予以撤销的权利。

《合同法》第七十四条规定："因债务人放弃其到期债权或者无偿转让财产，对债权人造成损害的，债权人可以请求人民法院撤销债务人的行为。债务人以明显不合理的低价转让财产，对债权人造成损害，并且受让人知道该情形的，债权人也可以请求人民法院撤销债务人的行为。撤销权的行使范围以债权人的债权为限。债权人行使撤销权的必要费用，由债务人负担。"《合同法》第七十五条规定，撤销权自债权人知道或者应当知道撤销事由之日起 1 年内行使。自债务人的行为发生之日起 5 年内没有行使撤销权的，该撤销权消灭。

即学即练

某服装厂与某纺织厂签订了一份购买 10 万米棉布的合同。由于当时物价变化很大，不便将价格定死，故双方在合同价款一栏内只写了"待定"二字，交货时间为 2018 年。合同订立后，纺织厂积极组织生产。2018 年 6 月 20 日，纺织厂即将完成合同任务，于是电告服装厂，提出6月26日履行合同。此后，双方因价款及履行期限约定不明确又未能达成补充协议而发生纠纷。

问题：

（1）买卖合同是否成立？

（2）该合同价款如何确定？

（3）该合同履行期限如何确定？

第五节　合同的变更、转让和终止

一、合同的变更

1. 合同变更的概念

合同的变更仅指合同内容的变更，是合同没有履行或者没有完全履行，由当事人依照法律规定的条件和程序，对原合同条款进行修改或者补充。例如，合同标的物数量的增减、价款的变化、履行时间和地点等的变化。

2. 合同变更的要件

合同变更的要件类别及含义见表2—4。

表2—4　合同变更的要件类别及含义

要件类别	含义
实质要件	（1）原已存在有效的合同关系 （2）合同内容发生变化，如标的物数量的增减、标的物品质的改变、价款或者报酬的增减 （3）合同的变更须依当事人协议或者依照法律规定及法院判决而进行
形式要件	形式要件是指合同变更应采用的合同形式。合同变更须遵守法律要求的形式，若原来的合同采用的是书面形式，则变更合同的方式也应采用书面形式；若法律、行政法规规定变更合同应当办理批准、登记手续的，则应办理批准、登记手续

3. 合同变更的效力

合同的变更以原合同关系的存在为前提，合同的变更原则上仅对将来发生效力，未变更的权利义务继续有效，已经履行的债务不因合同的变更而失效。因此，合同变更一般不会发生返还问题。

二、合同的转让

合同的转让是合同当事人一方将其合同的权利义务全部或者部分转让给第三

人的行为。按照转让的权利义务不同，合同转让可分为合同权利的转让、合同义务的转让和合同权利义务的一并转让三种。

1. **合同权利的转让**

【案例 1】

2018 年 11 月 5 日，甲公司与乙公司签订合同。合同约定，由乙公司于 2019 年 1 月 15 日向甲公司提供一批价款为 50 万元的电脑配件，货物自提。2018 年 12 月 5 日，甲公司因销售原因，需要乙公司提前提供电脑配件，遂要求提前履行合同，遭到乙公司拒绝。甲公司为了不影响销售，只好从外地另行进货。随后，甲公司又将对乙公司的债权转让给了丙公司，由丙公司接收乙公司提供的 50 万元电脑配件，但未通知乙公司。丙公司于 2019 年 1 月 15 日去乙公司提货时遭到拒绝。

【问题】

乙公司拒绝丙公司提货的行为正确吗？甲公司与丙公司的债权转让行为合法吗？

合同权利的转让是指不改变合同的内容，由债权人将合同权利的全部或者部分转让给第三人的行为。其中，转让债权的人称为让与人，接受债权的第三人称为受让人。债权人可以自行决定债权的转让，但《合同法》规定有下列情形之一的除外：

（1）根据合同性质不得转让。

（2）按照当事人约定不得转让。

（3）依照法律规定不得转让。

债权人转让权利的，无须经债务人同意，但应当通知债务人。未经通知，该转让对债务人不发生效力。债权人转让权利的，受让人取得与债权有关的从权利，如债权的抵押权，但该从权利专属于债权人自身的除外。

债务人接到债权转让通知后，债务人对让与人的抗辩，如提出债权无效等抗辩事由，可以向受让人主张。债权人转让权利的通知不得撤销，但经受让人同意的除外。

【案例1分析】

乙公司拒绝丙公司提货的行为是正确的。本案例中，甲公司将债权转让给丙公司，却未通知乙公司，因此对乙公司不发生效力。甲公司与丙公司的债权转让行为合法。丙公司的履行要求被拒绝，应当由甲公司对丙公司承担责任。

2. 合同义务的转让

合同义务的转让是指经债权人同意，债务人将合同的义务全部或者部分转移给第三人的行为。转让合同义务是法律赋予债务人的一项权利。

《合同法》第八十四条规定："债务人将合同的义务全部或者部分转移给第三人的，应当经债权人同意。"这是因为债权人和债务人的合同关系是建立在相互了解的基础上的，一般债权人对债务人的资信情况和偿还能力都很清楚，当债务人将合同的义务转移时，债权人对新债务人的资信情况和履行债务的能力必须加以认可，以保障债权的合法利益的实现。债务人转移义务的，新债务人可以主张原债务人对债权人的抗辩。新债务人应当承担与主债务相关的从债务，但该从债务专属于债务人自身的除外。

3. 合同权利义务的一并转让

合同权利义务的一并转让是指当事人一方将自己在合同中的权利和义务一并转让给第三人的行为。

《合同法》第八十八条规定："当事人一方经对方同意，可以将自己在合同中的权利和义务一并转让给第三人。"合同权利义务一并转让后，受让人取代转让人而成为合同的当事人，享有合同权利、承担合同义务。当事人订立合同后合并的，由合并后的法人或其他组织行使合同权利、履行合同义务。当事人订立合同后分立的，除债权人和债务人另有约定的以外，由分立后的法人或其他组织对合同权利和义务享有连带债权、承担连带债务。

三、合同的终止

1. 合同终止的概念

合同的终止是指依法生效的合同，因具备法定情形和当事人约定的情形，合同债权、债务归于消灭。

合同终止后债权人不再享有合同权利，债务人也不必再履行合同义务，合同当事人双方终止合同关系，合同的效力随之消灭。

2. 合同权利义务终止的具体情形

【案例2】

甲商场于2018年3月欲从乙冰箱厂购进冰箱50台，每台2 800元，共计14万元。双方约定4月货到后先付4万元，待销售后付清余下的10万元货款。后乙冰箱厂想在甲商场开设销售专柜，以便打开销路。双方遂签订租赁场地合同，约定租赁期限为1年，自同年4月起至次年4月止，月租金2万元，共计24万元，由乙冰箱厂3个月付1次，分4次付清。7月，乙冰箱厂通知甲商场，称用应收甲商场的10万元冰箱货款中的6万元抵销其4月至7月的租金。

【问题】

乙冰箱厂的做法是否合法?

合同权利义务终止的具体情形见表2—5。

表2—5　　合同权利义务终止的具体情形

合同权利义务终止的具体情形	含义
债务已经按约定履行	当事人按照合同的约定正确、适当地履行了合同义务，并使当事人订约目的得以实现
合同解除	合同有效成立后，当具备合同解除条件时，因当事人一方或双方的意思表示而使合同关系自始或仅向将来消灭的一种行为
抵销	当事人债务相互抵销
提存	因债权人的原因，债务人无法向债权人清偿到期债务，债务人将合同标的物交付给特定的提存部门，从而消灭合同关系的制度
免除	债权人免除债务人的债务，使合同关系全部或者部分消灭
混同	债权、债务同归于一人，从而使合同关系消灭的情况
其他情形	如合同因司法机关的裁判而终止

【案例 2 分析】

乙冰箱厂的做法符合我国《合同法》的有关规定。本案例涉及的是合同权利义务终止中债务相互抵销的法律规定。本案例中，甲商场与乙冰箱厂互负债务、互享债权，彼此的合同标的物又属于种类和品质相同的货币，也到了履行期限，因此，乙冰箱厂可以根据我国《合同法》有关同类债务相互抵销的规定，通知甲商场对 6 万元债务予以抵销。

3. 合同的解除

合同的解除是指已成立生效的合同，当具备法律规定的合同解除条件时，因当事人一方或双方的意思表示而使合同关系归于消灭的行为。合同解除的方式有两种：一是协议解除，二是法定解除。

（1）协议解除

协议解除是指根据当事人事先约定的情况或经当事人协商一致而解除合同。在订立合同时，当事人可以约定解除合同的条件，当条件成立时，合同应自然解除。合同订立后，未履行或者未完全履行之前，经当事人协商一致可以解除合同。

（2）法定解除

法定解除是指当事人根据法律规定的事由行使解除权而解除合同。《合同法》第九十四条规定，有下列情形之一的，当事人可以解除合同：

1）因不可抗力致使不能实现合同目的。

2）在履行期限届满之前，当事人一方明确表示或者以自己的行为表明不履行主要债务。

3）当事人一方迟延履行主要债务，经催告后在合理期限内仍未履行。

4）当事人一方迟延履行债务或者有其他违约行为致使不能实现合同目的。

5）法律规定的其他情形。

当事人一方行使解除权，或依照《合同法》第九十四条的规定主张解除合同的，应当通知对方。合同自通知到达对方时解除。对方有异议的，可以请求人民法院或者仲裁机构确认解除合同的效力。当事人解除合同，法律、行政法规规定解除合同应当办理批准、登记手续的，应依照其规定办理批准、登记手续。

合同解除后，尚未履行的，终止履行；已经履行的，根据履行情况和合同性质，当事人可以要求恢复原状、采取其他补救措施，并有权要求赔偿损失。合同的权利义务终止，不影响合同中结算和清理条款的效力。

即学即练

大洋公司分立为五湖、四海两家公司，原大洋公司欠江河公司的 50 万元债务由四海公司承担，并通知了江河公司，江河公司对此表示同意。公司分立 1 个月后，五湖公司和四海公司签订了一份债务承担合同，约定四海公司欠江河公司的 50 万元债务由五湖公司承担，并将此事通知了江河公司，江河公司表示反对。

问题：案例中两次债务承担的效力如何？50 万元的债务应由谁承担？

第六节　违约责任

一、违约责任的概念和特征

违约责任是指合同当事人不履行合同义务或者履行合同义务不符合约定时所应承担的法律责任。违约责任是一种民事责任，因当事人违反合同义务而产生，主要表现为财产责任。违约责任的追究权一般要在合同期限届满时才能行使。未成立的合同、无效合同、被撤销的合同以及效力未定的合同未被追认时均不产生违约责任。

违约责任有如下特征：

1. 违约责任是一种民事责任。
2. 违约责任是违反合同约定而应承担的责任。
3. 违约责任是违反约定而应承担的民事责任，故必须存在违约行为。
4. 违约责任是合同一方当事人对合同另一方当事人承担的责任。
5. 违约责任为财产责任。
6. 违约责任具有补偿性和任意性。

二、违约责任的归责原则和构成要件

1. 违约责任的归责原则

违约责任的归责原则是指确定违约责任是否成立，即违约人是否应对其违约行为承担违约责任的原则。违约责任的归责原则有两项，即过错责任原则和严格责任原则。

（1）过错责任原则

过错责任原则是指在发生违约事实的情况下，谁有过错造成违约便由谁承担违约责任，没有过错不承担违约责任。如果双方都有过错，双方应当分别承担各自的违约责任。

（2）严格责任原则

严格责任原则是指当事人一方只要违反合同义务，无论其主观上是否有过错，除不可抗力可以免责外，均应承担违约责任。

2. 违约责任的构成要件

违约责任的构成要件可分为一般构成要件和特殊构成要件。一般构成要件是指违约当事人承担任何形式的违约责任都必须具备的条件。特殊构成要件是指违约当事人承担特定形式的违约责任应具备的条件。

我国《合同法》规定的违约责任的构成要件是：只要当事人一方不履行合同义务或者履行合同义务不符合约定的，就要承担违约责任。显然，《合同法》采用的是严格责任原则追究违约责任。但需要注意的是，《合同法》在其许多具体制度上仍然采用过错责任原则追究违约责任。

三、承担违约责任的形式

【案例】

甲公司与乙公司签订了一份购销合同，双方约定由乙公司向甲公司提供电路板 2 000 件，每件 300 元，货款总计 60 万元。甲公司须在合同订立后的 3 日内向乙公司交付 4 万元定金，并在合同签订后的 2 个月内将全部货款汇入乙公司的账户；乙公司则应当在收到货款后一周内供应全部货物；不能按期履行合同的一方，将承担总货款 5% 的违约金。合同正式签订后，甲公司依约交付了定金和全部货款，但乙公司却未能在约定的期限内交货。在甲公司的多次催促下，乙公司表示无法履行合同义务，愿意返还甲公司交付的定金、全部货款并承担违约责任。甲公司则认为双方约定有定金条款，乙公司同时应双倍返还定金。双方争执不下，甲公司诉至人民法院。

【问题】

你认为甲公司能否同时获得双倍定金和违约金？

1. 继续履行

继续履行又称实际履行，是指债权人在债务人不履行合同义务的情况下，可请求人民法院或者仲裁机构强制债务人履行合同义务。《合同法》第一百零九条规定："当事人一方未支付价款或者报酬的，对方可以要求其支付价款或者报酬。"《合同法》第一百一十条规定，当事人一方不履行非金钱债务或者履行非金钱债务不符合约定的，对方可以要求履行，但有下列情形之一的除外：

（1）法律上或者事实上不能履行。

（2）债务的标的不适于强制履行或者履行费用过高。

（3）债权人在合理期限内未要求履行。

2. 采取补救措施

根据《合同法》的规定，当事人履行合同义务，质量不符合约定的，应当按照当事人的约定承担违约责任。对违约责任没有约定或者约定不明确的，受损害方根据标的的性质以及损失的大小，可以合理选择要求对方承担修理、更换、重作、退货、减少价款或者报酬等违约责任。

3. 赔偿损失

赔偿损失是指违约方依据合同的约定或者法律的规定应当承担的赔偿对方当事人所受损失的责任。《合同法》规定，当事人一方不履行合同义务或者履行合同义务不符合约定的，在履行义务或者采取补救措施后，对方还有其他损失的，应当赔偿损失。损失赔偿额应当相当于因违约所造成的损失，包括合同履行后可以获得的利益，但不得超过违反合同一方订立合同时预见到或者应当预见到的因违反合同可能造成的损失。

4. 违约金

违约金是指合同当事人一方不履行合同或者履行合同不符合约定时，按照合同的约定，向对方支付的一定数额的货币。违约金是对不履行或者不完全履行合同的当事人的一种惩罚手段，不论违约的当事人一方是否给对方造成损失，都应当支付。

违约金数额的确定，受到法律一定程度的限制。约定的违约金低于造成的损失的，当事人可以请求人民法院或者仲裁机构予以增加；约定的违约金过分高于造成的损失的，当事人可以请求人民法院或者仲裁机构予以适当减少。

违约金与赔偿损失一般不能同时适用。但在合同中可以约定不同的违约行为分别适用违约金与赔偿损失的责任方式，也可以在约定违约金的同时约定违约金不足以弥补因违约造成的损失时，违约方仍有补足义务。

5. 定金

定金是指为保证合同履行，依据合同当事人的约定，由一方按合同标的额的一定比例预先给付对方的金钱或其他替代物。定金具有以下特点：

（1）定金是一种双向担保方法。这主要表现为定金罚则对交付方和接受方均有约束力。

（2）定金数额有最高限制。定金数额由当事人约定，但是不得超过主合同标的额的 20%。

（3）定金须在主债务履行前交付，并在双方当事人顺利履行合同之时抵作价款或者收回。

（4）定金合同为要式合同和实践合同。

（5）定金既是一种违约责任形式，也是一种对债务履行的担保。

当一份合同同时存在违约金条款和定金条款时，当事人可以选择适用，但不能同时适用。

定金与损害赔偿不能并用。如果在适用定金罚则后仍不足以弥补实际损失的，守约方可就不足部分请求损害赔偿。当事人在合同中另有约定的，从其约定。

【案例分析】

当事人在合同中既设立了定金，又规定了总货款 5% 的违约金，但两者不能同时适用。甲公司可以通过权衡利益来选择适用违约金条款或定金条款。依据违约金条款，甲公司可以获得 3 万元的补偿，而依据定金罚则则可以得到 4 万元，因此，甲公司可以依法选择适用定金罚则，以维护自己的合法权益。

四、违约责任的免除

根据《合同法》的规定，一般免除责任的事由为不可抗力，其他法律对特定合同的免责事由有规定的适用于特定合同。不可抗力是指不能预见、不能避免并不能克服的客观情况。因不可抗力不能履行合同的，根据不可抗力的影响，部分或者全部免除责任，但法律另有规定的除外。当事人迟延履行后发生不可抗力的，不能免除责任。

当事人一方因不可抗力不能履行合同的，应当及时通知对方，以减轻可能给对方造成的损失，并应当在合理期限内提供证明。

即学即练

甲公司与乙袜厂于某年4月6日签订了一份丝袜供应合同。合同约定，乙袜厂向甲公司供应丝袜2万双，总价款为人民币4万元，同年4月20日交货，货到付款，合同有效期至同年4月30日止，双方若有违约行为应支付违约金。5月9日，乙袜厂送来2万双丝袜，甲公司却以交货已过合同有效期为由拒收货物。经乙袜厂再三请求，甲公司同意接收2万双丝袜。次日，甲公司销售人员将丝袜售出5 000双，其余入库存放。6月底，乙袜厂打来电话催付货款，甲公司原签约人称“丝袜已卖出5 000双，其余存在库中”。10月8日，乙袜厂派人前来收取货款，甲公司认为此批货物系暂时代为保管，除已代售的5 000双丝袜货款如数支付外，其余丝袜应由乙袜厂取回，但乙袜厂要求给付全部货款。

问题：

（1）甲公司起初拒收货物有无法律依据？

（2）乙袜厂要求甲公司支付全部货款是否合理？

（3）乙袜厂在履约过程中应承担什么违约责任？

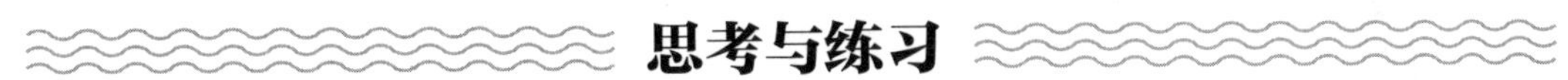

思考与练习

一、简答题

1. 简述合同的法律特征。

2. 我国《合同法》的基本原则有哪些？

3. 简述合同订立的一般程序。

4. 什么是缔约过失责任？其构成要件有哪些？

5. 无效合同的种类有哪些？

二、案例分析题

1. 某年1月8日，某市光明百货公司与富华家具厂签订了一份购销合同。合同约定，由富华家具厂在同年10月1日前向光明百货公司供应沙发500套，货款总计40万元，并规定了沙发的样式和质量标准。合同中还规定了定金条款，由光明百货公司交付定金10万元。合同订立后，光明百货公司支付5万元作为定金，富华家具厂当即表示异议，拒绝接受。后来，合同约定的交货时间已过仍不见富华家具厂交货，原来富华家具厂因人员有限且又忙于履行与另外几家商场订立的家具购销合同，所以没有按时交货。

问题：

（1）这份家具购销合同是否成立？

（2）如果合同成立，富华家具厂是否构成违约？

2. 某装潢公司委托某木材加工厂加工木材，双方签订了加工合同。合同约定，由木材加工厂为装潢公司按统一规格加工木材100立方米，每立方米加工费为150元，总计15 000元；装潢公司应于1个月后提货并支付加工费。1个月过后，木材加工厂如期按质完成加工任务并通知装潢公司前来提货，但装潢公司既没有提货，也没有支付加工费。又过去了1个月，木材加工厂因另有加工任务，没有场地存放为装潢公司加工的木材，便将该批木材卖给了一家建筑公司。不久，装潢公司前来提货，得知木材已被处理，双方发生纠纷。

问题：

（1）装潢公司未按时提货并支付加工费的行为是否违约？

（2）木材加工厂将木材卖给其他公司的行为合法吗？

《中华人民共和国合同法》全文

第三章　产品质量法

产品质量关系到人民群众的生命安全与健康，也关系到企业的生存与发展。1993 年，我国颁布了《中华人民共和国产品质量法》（以下简称《产品质量法》），将产品的监督管理和产品的质量责任融为一体。学习《产品质量法》，能够帮助我们认识产品质量在经济生活中的重要地位，了解我国《产品质量法》的主客体适用范围以及产品质量责任的规定，进一步增强尊法、守法意识，也为解决产品质量纠纷奠定良好的基础。

学习目标

1. 了解产品和产品质量的概念，理解产品质量法的立法宗旨和调整对象。

2. 了解产品质量监督、产品质量认证、产品质量义务的基本概念，理解产品质量认证、中国强制性产品认证等相关制度，重点掌握生产者、销售者的产品质量义务。

3. 掌握产品质量责任的三大分类及各自所涵盖的具体内容。

第一节　产品质量法概述

一、产品和产品质量的概念

【案例】

一天，小红在路边捡到一块树根，便拿回家进行雕刻，最终雕刻成一只鸟的模样，放在家中橱柜里作为装饰品。后来，她又去超市买了一部随身听，但是回到家后发现放不出声音。

【问题】

本案例中，小红捡到的树根、买来的随身听是否属于《产品质量法》中所指的产品？

《产品质量法》中所说的产品，是指经过加工、制作，用于销售的产品。建设工程不适用该法规定；但是，建设工程所使用的建筑材料、建筑构配件和设备，属于《产品质量法》规定的产品范围的，适用该法规定。《产品质量法》中的“产品质量”，是指国家有关法律法规、质量标准以及合同规定的对产品适用性、安全性和其他特性的要求。国际标准化组织对产品质量的定义是：产品或服务能满足规定或潜在需要的特征和特性的总和。总和是指在标准中规定的产品的安全性、适用性、可靠性、维修性、有效性、经济性等质量指标。

不适用《产品质量法》的物品有：天然物品，如煤、石油、水等；初级农产品；建设工程；非用于销售的物品；专门用于军事的物品；人体器官及其组织体。

【案例分析】

《产品质量法》中的“产品”是指经过加工、制作，用于销售的产品。因此，小红在路边捡到的树根虽然经过了加工，但不用于销售，所以不属于产品。而她在超市买的随身听则是产品。

二、产品质量法的立法宗旨和调整对象

1. 产品质量法的立法宗旨

产品质量法是调整产品质量监督管理关系和产品质量责任关系的法律规范的总称。其立法宗旨体现为：加强对产品质量的监督管理，提高产品质量水平，明确产品质量责任，保护消费者的合法权益，维护社会经济秩序。该法主要包括关于产品质量监督管理、产品质量责任、产品质量损害赔偿和处理产品质量争议等方面的法律规定。

2. 产品质量法的调整对象

每一部法律都是为了调整一定的社会关系。产品质量法调整以下两种社会关系：

（1）调整法律授权的行政管理机关与产品生产者、销售者之间的监督关系。

（2）调整生产者、销售者和服务业的经营者与消费者之间的民事关系。

即学即练

下列产品属于《产品质量法》调整范围的是（　　）。

A. 建设工程　　B. 服装　　C. 建筑构配件

D. 原煤　　E. 经过加工、制作，用于销售的农产品

第二节　产品质量监督管理

一、产品质量监督管理体制

产品质量监督是指法律规定的产品质量专门机构，根据正式产品标准的规定，依照法定职权和法定程序，对企业产品质量所进行的监督性活动。产品质量监督管理体制是有关产品质量监督管理的主体、职责、方式、方法等问题的规则的总和。

《产品质量法》第八条规定："国务院市场监督管理部门主管全国产品质量监督工作。国务院有关部门在各自的职责范围内负责产品质量监督工作。县级以上地方市场监督管理部门主管本行政区域内的产品质量监督工作。县级以上地方人民政府有关部门在各自的职责范围内负责产品质量监督工作。法律对产品质量的监督部门另有规定的，依照有关法律的规定执行。"具体内容包括如下几个方面。

1. 国家市场监督管理部门对产品质量的监督

县级以上市场监督管理部门根据已经取得的违法嫌疑证据或者举报，对涉嫌违反《产品质量法》规定的行为进行查处时，可以行使下列职权：

（1）对当事人涉嫌从事违反《产品质量法》的生产、销售活动的场所实施现场检查。

（2）向当事人的法定代表人、主要负责人和其他有关人员调查、了解与涉嫌从事违反《产品质量法》的生产、销售活动有关的情况。

（3）查阅、复制当事人有关的合同、发票、账簿以及其他有关资料。

（4）对有根据认为不符合保障人体健康和人身、财产安全的国家标准、行业标准的产品或者有其他严重质量问题的产品，以及直接用于生产、销售该项产品的原辅材料、包装物、生产工具，予以查封或者扣押。

2. 社会对产品质量的监督

社会对产品质量的监督包括广大群众对产品质量违法行为的检举、社会团体的监督和新闻舆论监督。

《产品质量法》第十条规定:“任何单位和个人有权对违反本法规定的行为，向市场监督管理部门或者其他有关部门检举。市场监督管理部门和有关部门应当为检举人保密，并按照省、自治区、直辖市人民政府的规定给予奖励。”第二十二条规定:“消费者有权就产品质量问题，向产品的生产者、销售者查询；向市场监督管理部门及有关部门申诉，接受申诉的部门应当负责处理。”第二十三条规定:“保护消费者权益的社会组织可以就消费者反映的产品质量问题建议有关部门负责处理，支持消费者对因产品质量造成的损害向人民法院起诉。”这里所指的保护消费者权益的社会组织可以是用户委员会、消费者协会等。

同时，社会舆论监督也是产品质量监督的一个重要组成部分，大众传媒可以对优质产品进行表扬，对劣质产品进行曝光，公布产品质量信得过单位，公告抽查、检验结果。

3. 企业的自律管理

产品质量应当由企业依法自主管理，由企业对产品质量负责。

二、产品质量监督检查制度

【案例】

国庆节前夕，某市市场监督管理局为了确保节日期间相关商品的质量，决定对该市商店里销售的若干商品进行质量抽样检查。抽查小组到城北街的一家个体零售商店检查其销售的食品，并未发现问题，但是，检查人员要求该店店主交纳100元检验费，店主觉得很无理。经咨询，店主得知进行质量抽查是不收取检验费的，于是到该市市场监督管理局说明情况并要求退钱。事后，经该市市场监督管理局调查，店主拿回了100元检验费。

【问题】

为什么店主能够拿回100元检验费?

产品质量监督检查制度是指国务院以及地方各级市场监督管理部门依法对生产、流通领域的产品质量所进行的强制性监督检查制度。监督的主要方式为抽查，并定期向社会发布产品质量监督抽查公报。

1. 监督抽查工作的重点

一般而言，产品质量监督抽查的产品范围主要包括三个方面：

（1）可能危及人体健康和人身、财产安全的产品，如食品、药品、医疗器械、易燃易爆产品等。

（2）影响国计民生的重要工业产品，如钢筋、水泥、化肥、农药等。

（3）消费者、有关组织反映有质量问题的产品，即消费者投诉、举报的产品和社会反映较为强烈的假冒伪劣产品。

2. 监督抽查的程序和方法

抽查的样品应当在市场上或者企业成品仓库内的待销产品中随机抽取。根据监督抽查的需要，可以对产品进行检验。检验抽取样品的数量不得超过检验的合理需要，并不得向被检查人收取检验费用。监督抽查所需检验费用按照国务院规定列支。生产者、销售者对抽查检验的结果有异议的，可以自收到检验结果之日起 15 日内向实施监督抽查的市场监督管理部门或者其上级市场监督管理部门申请复检，由受理复检的市场监督管理部门作出复检结论。国家监督抽查的产品，地方不得另行重复抽查；上级监督抽查的产品，下级不得另行重复抽查。

3. 对监督抽查中质量不合格产品的处理

《产品质量法》第十七条规定："依照本法规定进行监督抽查的产品质量不合格的，由实施监督抽查的市场监督管理部门责令其生产者、销售者限期改正。逾期不改正的，由省级以上人民政府市场监督管理部门予以公告；公告后经复查仍不合格的，责令停业，限期整顿；整顿期满后经复查产品质量仍不合格的，吊销营业执照。监督抽查的产品有严重质量问题的，依照本法第五章的有关规定处罚。"

【案例分析】

本案例涉及的法律问题主要是国家对产品质量实行监督检查制度的规定。

《产品质量法》第十五条规定："检验抽取样品的数量不得超过检验的合理需要，并不得向被检查人收取检验费用。监督抽查所需检验费用按照国务院规定列支。"本案例中，抽查小组要求店主交纳 100 元检验费，该行为显然违反了法律的规定。

三、产品质量认证制度和中国强制性产品认证、自愿性产品认证以及企业质量体系认证制度

1. 产品质量认证制度

产品质量认证是指依据具有国际水平的产品标准和技术要求，经过认证机构确认并通过颁发认证证书和产品质量认证标志的形式，证明产品符合相应标准和技术要求的活动。

推行产品质量认证制度的目的是通过对符合认证标准的产品颁发认证证书和认证标志，便于消费者识别，同时也有利于经认证合格的产品的市场销售，增强产品的市场竞争力，以激励企业加强质量管理，提高产品质量水平。

我国的产品质量认证包括安全认证和合格认证。安全认证是指对涉及人体健康和人身、财产安全的产品依照国家法律规定的强制性标准所进行的用以证明产品符合安全要求的活动，属于强制性认证。合格认证是指对一般产品依照国家标准或行业标准所进行的用以证明产品符合标准要求，即合格的认证活动，一般属于自愿性认证。

《产品质量法》第十四条规定："国家参照国际先进的产品标准和技术要求，推行产品质量认证制度。企业根据自愿原则可以向国务院市场监督管理部门认可的或者国务院市场监督管理部门授权的部门认可的认证机构申请产品质量认证。经认证合格的，由认证机构颁发产品质量认证证书，准许企业在产品或者其包装上使用产品质量认证标志。"

产品质量认证证书是指证明产品质量符合认证要求和许可产品使用认证标志的法定证明文件。认证证书由国家市场监督管理总局组织印制并统一规定编号。产品质量认证标志是指由产品质量认证机构设计，按照法定程序批准、发布的一种专用标志，用以证明某项产品符合规定标准或者技术规范，经认证机构允许，可以在获准认证的产品上使用。产品质量认证标志是一种信誉标志，同时也是质量标志。

2. 中国强制性产品认证、自愿性产品认证

中国强制性产品认证（China Compulsory Certification）简称 CCC 认证或 3C 认证，它是一种法定的强制性安全认证制度，也是国际上广泛采用的保护消费者权益，维护消费者人身、财产安全的基本做法。列入《实施强制性产品认

证的产品目录》中的产品包括家用电器、汽车、安全玻璃、医疗器械、电线电缆、玩具等。

CQC 认证是中国质量认证中心开展的自愿性产品认证业务之一，以加施 CQC 标志的方式表明产品符合相关质量、安全、性能、电磁兼容等认证要求，认证范围涉及机械设备、电力设备、电器、电子产品、纺织品、建材等 500 多种产品。CQC 认证重点关注安全、电磁兼容、性能、有害物质限量等直接反映产品质量和影响消费者人身、财产安全的指标。

3. 企业质量体系认证制度

企业质量体系认证是由国家标准化组织提出，并为国际社会所普遍接受的质量管理措施。它是指依据国家质量管理和质量保证系列标准，经过认证机构对企业质量体系进行审查，通过颁发认证证书的形式，证明企业质量保证能力符合相应要求的活动。

《产品质量法》第十四条规定："国家根据国际通用的质量管理标准，推行企业质量体系认证制度。企业根据自愿原则可以向国务院市场监督管理部门认可的或者国务院市场监督管理部门授权的部门认可的认证机构申请企业质量体系认证。经认证合格的，由认证机构颁发企业质量体系认证证书。"

企业质量体系认证的对象是企业，因此企业质量体系认证的效力仅限于企业，而不是企业的产品。也就是说，获得质量体系认证证书的企业，无权在其产品上使用产品质量认证标志。企业要想在其产品上使用产品质量认证标志，需要申请产品质量认证并获批准。

即学即练

某年 5 月 20 日，李某到某商场买了一瓶熏鱼罐头。食用后不久，李某便因恶心呕吐住进了医院。经化验查明，李某因食用了变质的熏鱼罐头而引起食物中毒。出院后，李某找到该商场，要求其赔偿一定的损失。商场工作人员回答说，罐头是长期保存食品，一般来讲不会变质，如果因食用罐头食品发生问题，请找生产厂家解决，商场概不负责。而该罐头的生产厂家地处一个遥远的边疆省份。李某想到自己年老体弱，如果起诉厂家，自己既不会写诉状，又要花费一笔诉讼费，就打消了这个念头。

李某中毒的事情后来被反映到了县消费者协会。县消费者协会告诉他，在这种情况下，产品生产厂家和销售商都要承担法律责任。如果李某起诉有困难，消费者协会可以提供帮助。

在县消费者协会的帮助下，同年 8 月 10 日，李某向县人民法院提起诉讼，要求商场赔偿因出售变质罐头而给其造成的损失 1 800 元，并负担所有诉讼费用。县人民法院受理了该案，经审理判决如下：①被告向原告支付医疗费、营养费、交通费等费用共计 1 750 元；②诉讼费用 50 元由被告承担。

问题：消费者协会在此案例中起到了什么作用？

第三节　产品质量义务

产品质量义务是指产品质量法律关系的主体，必须为一定质量行为或者不为一定质量行为，以满足对方利益需要的责任。承担产品质量义务的主要是参与产品生产、销售等过程的生产经营者。

一、生产者的产品质量义务

1. 生产者必须保证产品的内在质量

【案例 1】

某市居民老张过八十大寿，儿子买了一条某家电厂生产的电热毯送给老人当作寿礼。当天临睡前，儿子为老张铺好电热毯，安顿他入睡。第二天，儿子起床后闻到老张屋里传出刺鼻的焦煳味，他急忙撞开门，只见满屋浓烟滚滚，老张已在床上身亡。案发后，该市市场监督管理部门对电热毯进行了质量检验。检验发现电热毯有 8 项技术指标不符合国家有关标准的要求，属于劣质品。

【问题】

该家电厂是否有义务保证自己产品的质量?

生产者应当对其生产的产品质量负责。产品质量应当符合下列要求：

（1）不存在危及人身、财产安全的不合理的危险，有保障人体健康和人身、财产安全的国家标准、行业标准的，应当符合标准要求。

这是要求生产者在产品设计、制造过程中按国家或行业标准进行生产活动。在产品设计方面，确保各种系数安全可靠；在产品制造方面，确保精度要求；在产品标志方面，保证清晰、完整。没有制定标准的，应以人们使用、消费该产品不会给人身、财产带来危害的要求作为判别依据。

（2）具备产品应当具备的使用性能，但是对产品存在使用性能的瑕疵作出说明的除外。

产品的使用性能是产品存在的前提，其使用性能应达到产品说明书中所阐明的功效。当然，这要与产品标准一致。对由于主观或客观原因而使产品性能有缺陷，但生产者已说明的，生产者可免除责任。

（3）符合在产品或者其包装上注明采用的产品标准，符合以产品说明、实物样品等方式表明的质量状况。

生产者在产品上注明生产该产品所执行的产品标准，对产品质量作出具体说明，用实物样品展示其产品，在法律上构成了对该产品质量的担保。

【案例1分析】

该家电厂有义务保证自己产品的质量。本案例中，电热毯属于可能危及人身、财产安全的产品，我国对其有专门的国家标准。该家电厂生产的电热毯有8项技术指标不符合有关国家标准的要求，违反了强制性产品标准，产品存在危及人身、财产安全的风险，属于有缺陷的劣质品。作为生产者，该家电厂没有保证自己产品的内在质量是合格的，给老张一家带来了巨大的伤痛和损失。

2. 生产者必须提供符合规定的产品标志

【案例2】

宏图机电设备供应公司与精益电机厂签订了总经销精益电机厂某牌号新型电机的合同。精益电机厂实力雄厚，这种新电机是刚开发出来的产品，已通过相关部门的鉴定。然而，当首批50台电机送到宏图机电设备供应公司的仓库时，仓库保管员却拒绝接收。在双方争执未果的情形下，精益电机厂把宏图机电设备供应公司告上法庭，并称其违约。精益电机厂诉称，这种电机经过部级鉴定，并取得了生产许可证。电机厂已经按照双方签订的合同交了货，宏图公司的拒收行为违反了合同的约定，要求宏图公司履行合同义务，接收货物并按约定支付货款。宏图公司辩称，争执的焦点不在于电机的质量，而在于电机上的铭牌。该铭牌上打着“中国制造”字样，却未标明电机厂的名称和地址，不符合有关法律规定，在厂方整改以前，宏图公司不能收货并付款。法院在审理过程中进行了调解，最后达成一致，精益电机厂撤诉。随后，精益电机厂立即制造了符合标准的铭牌并安装在电机上。换好新铭牌后，宏图公司接收了货物并支付了货款。

【问题】

为什么宏图公司拒收货物呢？拒收的理由合理吗？

产品标志是指附于产品或者产品包装上，用以揭示产品及其特征、特性的各种文字说明、符号等。产品标志如产品质量检验合格证、说明性标签、生产许可证、商标、产品质量认证标志、警示标志等，是产品外在质量的重要组成部分。生产者必须保证产品或者其包装上的标志真实，并符合下列要求：

（1）有产品质量检验合格证明。

（2）有中文标明的产品名称、生产厂家名称和地址。

（3）根据产品的特点和使用要求，需要标明产品规格、等级、所含主要成分的名称和含量的，用中文相应予以标明；需要事先让消费者知晓的，应当在外包装上标明，或者预先向消费者提供有关资料。

（4）限期使用的产品，应当在显著位置清晰地标明生产日期和安全使用期或者失效日期。

（5）使用不当，容易造成产品本身损坏或者可能危及人身、财产安全的产品，应当有警示标志或者中文警示说明。

【案例2分析】

本案例涉及的法律问题是生产者的产品标志义务。本案例中，生产者精益电机厂在其产品铭牌上只标注“中国制造”字样，而没有用中文标明该厂的名称和地址，不符合《产品质量法》关于生产者产品标志义务的规定，即产品或者其包装上的标志必须用中文标明产品名称、生产厂家名称和地址。因此，宏图公司有理由拒收货物。

3. 生产者被禁止的行为

【案例 3】

某市市场监督管理局接到群众举报，称该市某村有人在制作“三假”（假厂址、假厂名、质量掺假）月饼，该局立即组织人员进行调查，当场查获大量冒充该市蓝天大酒店制作的包装盒、合格证和用不卫生的果仁、黑芝麻等原料做成的月饼 5 000 多块，已装盒 2 000 多盒。该局立即没收这些“三假”月饼并立案调查。经过调查，确定制作“三假”月饼的案犯是陈某。据陈某交代，他生产月饼所用的包装盒分别是通过熟人在深圳、广州等地购买的，产品合格证是他自己在印刷厂印刷的，月饼有的是从农贸市场上买的，有的是他本人用发霉变质的果仁、黑芝麻等原料制作的。他将这些月饼买来或做好后，雇了 4 个人在地点偏僻的一间屋子里进行装盒加工，贴上冒用他人厂名、厂址的伪造合格证，然后以高价在市场上出售，牟取暴利。

【问题】

本案例中，月饼生产者陈某的哪些行为违反了《产品质量法》?

根据《产品质量法》的规定，生产者被禁止的行为有：

（1）生产者不得生产国家明令淘汰的产品。

（2）生产者不得伪造产地，不得伪造或者冒用他人的厂名、厂址。

（3）生产者不得伪造或者冒用认证标志等质量标志。

（4）生产者生产产品，不得掺杂、掺假，不得以假充真、以次充好，不得以不合格产品冒充合格产品。

【案例 3 分析】

本案例中，陈某不仅制作“三假”（假厂址、假厂名、质量掺假）月饼，而且冒用他人的厂名、厂址大量制作包装盒、伪造合格证等，然后在市场上出售以牟取暴利，严重违反了《产品质量法》对生产、销售假冒伪劣产品行为的禁止性规定。

4. 特殊产品的包装义务

《产品质量法》规定的特殊产品，主要是指易碎、易燃、易爆、有毒、有腐蚀性、有放射性等危险物品以及储运中不能倒置和其他有特殊要求的产品。特殊产品的包装质量必须符合相应要求，依照国家有关规定作出警示标志或者中文警示说明，标明储运注意事项。

二、销售者的产品质量义务

根据《产品质量法》的规定，不仅生产者在保证产品质量方面要承担义务，而且销售者也要承担产品质量方面的相应义务。销售者的产品质量义务包括：

1. 销售者应当建立并执行进货检查验收制度，验明产品合格证明和其他标志。

2. 销售者应当采取措施，保持销售产品的质量。

3. 销售者不得销售国家明令淘汰并停止销售的产品和失效、变质的产品。

4. 销售者销售的产品的标志应当符合《产品质量法》规定的生产者生产的产品或者其包装上的标志要求。

5. 销售者不得伪造产地，不得伪造或者冒用他人的厂名、厂址。

6. 销售者不得伪造或者冒用认证标志等质量标志。

7. 销售者销售产品，不得掺杂、掺假，不得以假充真、以次充好，不得以不合格产品冒充合格产品。

即学即练

某日，四川省某县技术监督站接到告急电话，称该站工作人员汪某在查处一起禁用淘汰农药案件时被当地村民围攻。站上人员立即赶到出事地点，大家费了很大力气才将汪某解救出来。经现场检查，村民所使用的农药为被淘汰的滴滴涕（DDT）。技术监督站站长向围攻及围观的村民解释，根据《产品质量法》和国家相关文件的规定，滴滴涕等 6 种农药是国家明令淘汰的，已经被禁用。但陈某等 5 人不顾站上人员的解释和阻拦，强行施用，并向前来阻止的站上人员投掷石块，混乱之中造成站上两名技术人员受伤。该站只好求助于当地公安部门，最终平息了这场风波。事后查明，农药是当地一家化工厂生产并销售的。化工厂承认了这一事实，也承认收到过国务院有关淘汰农药的文件。有关部门对化工厂作出如下处罚决定：责令其停止生产、销售产品，处24万元的罚款；没收58万元违法所得，吊销营业执照。人民法院对其作出了赔偿村民经济损失56万元的判决。

问题：化工厂的行为违反了《产品质量法》哪些禁止性规定？

第四节　违反《产品质量法》的法律责任

违反《产品质量法》的法律责任即产品质量责任，是指产品的生产者、销售者以及对产品质量负有直接责任的人员违反产品质量义务所应承担的法律后果。按照《产品质量法》的规定，产品质量责任包括产品质量民事责任、产品质量行政责任和产品质量刑事责任三类。

一、产品质量民事责任

产品质量民事责任是产品生产者、销售者在平等主体间的产品质量法律关系中违反产品质量义务所应承担的具有经济民事性质的法律后果。产品质量民事责任包括产品质量瑕疵担保责任和产品质量损害赔偿责任两个方面。

1. 产品质量瑕疵担保责任

【案例 1】

某年 11 月，李某在某百货商店购买了一件羽绒服，回家后发现拉链拉不开。第二天到该商店换了一件，仍然存在此问题。12 月 1 日，李某再次来到该商店，又挑了数件，均有类似毛病。于是，李某与店方商议退货事宜，但店方拒绝了李某的退货要求。

【问题】

本案例中，李某的退货要求合理吗?

产品质量瑕疵担保责任是指商品交易关系中的卖方违反其对产品质量所作的承诺、保证，提供的产品存在质量瑕疵，因此对买方应承担的降价、修理、更换、退货等赔偿经济损失的责任。

按照《产品质量法》的规定，售出的产品有下列情形之一的，销售者应当负责修理、更换、退货；给购买产品的消费者造成损失的，销售者应当赔偿损失：

（1）不具备产品应当具备的使用性能而事先未作说明的。

（2）不符合在产品或者其包装上注明采用的产品标准的。

（3）不符合以产品说明、实物样品等方式表明的质量状况的。

销售者依照上述规定负责修理、更换、退货、赔偿损失后，属于生产者的责任或者属于向销售者提供产品的其他销售者（以下简称供货者）的责任的，销售者有权向生产者、供货者追偿。销售者未按照上述规定给予修理、更换、退货或者赔偿损失的，由市场监督管理部门责令改正。

【案例1分析】

本案例中，该百货商店销售的羽绒服拉链拉不开，说明该产品不具备应当具备的使用性能而事先未作说明。因此，根据《产品质量法》的规定，作为销售者的该百货商店应当负责修理、更换、退货以及赔偿由此给消费者带来的损失。而李某换过数件羽绒服后，发现其质量均有问题，该百货商店有义务作出退货处理。

2. 产品质量损害赔偿责任

【案例2】

上海市某区人民法院接到消费者陈某的诉状，状告上海某品牌化妆品不合格，造成其脸部皮肤严重损伤，要求该化妆品厂赔偿其30 000元损失。在法庭上，化妆品厂承认陈某使用的化妆品确为该厂生产，但该产品是正在研制过程中的试验品，并没有投入市场，不清楚陈某是从哪里得到该化妆品的。陈某向法庭陈述：她使用的化妆品是其男朋友刘某送的，刘某是这家化妆品厂的产品质量检验员，并告诉她该化妆品下个月将在市场上出售。法庭传讯了刘某，刘某向法庭证实：①他是该化妆品厂的产品质量检验员，产品是他从成品车间偷出来送给女朋友陈某的；②该化妆品不是试验品，是下个月将在市场上出售的正式产品。刘某当庭出示了产品检验合格证书和该厂将在下季度出售该产品的广告宣传。法院立即委托有关产品质量检验机构对该化妆品进行技术检验。检验结果为：该厂生产的化妆品不存在对人体皮肤造成损害的缺陷，是合格产品。法院又请皮肤专家对受害人陈某进行皮肤测试，皮肤专家的结论是陈某的皮肤属特殊过敏性皮肤，对某些化妆品的使用具有严重过敏性。法院再次开庭，经法庭辩论，法院判决化妆品厂不承担赔偿责任。

【问题】

为什么化妆品厂无须对受害人陈某承担法律责任呢？

产品质量损害赔偿责任是指生产者、销售者因其生产、销售的产品存在缺陷，给他人人身、缺陷产品以外的其他财产造成损害时，应当依法承担的赔偿损失的责任。

“缺陷产品”的法定含义是：产品存在危及人身、财产安全的不合理的危险。如果产品存在缺陷，缺陷产品对消费者造成了损害并且此损害与产品所存在的缺陷具有因果关系，那么，生产者就应承担产品质量损害赔偿责任，应当负责赔偿受害人的损失。生产者能够证明有下列情形之一的，不承担赔偿责任：

（1）未将产品投入流通的。

（2）产品投入流通时，引起损害的缺陷尚不存在的。

（3）将产品投入流通时的科学技术水平尚不能发现缺陷的存在的。

由于销售者的过错使产品存在缺陷，造成人身、他人财产损害的，销售者应当承担赔偿责任。销售者不能指明缺陷产品的生产者，也不能指明缺陷产品的供货者的，销售者应当承担赔偿责任。

【案例2分析】

《产品质量法》第四十一条规定，未将产品投入流通的，生产者不承担赔偿责任。本案例中，化妆品厂职工刘某承认陈某使用的化妆品是其从成品车间偷出来的，所以能证明陈某使用的化妆品尚未进入流通环节，因此化妆品厂可以免责。而陈某使用的化妆品虽然确实对她的皮肤造成了损害，但是经产品质量检验机构的检验，证明该产品是合格的，不存在缺陷。同时，皮肤专家对陈某的皮肤进行测试后认为其皮肤属特殊过敏性皮肤。法庭根据《产品质量法》的规定，认定该化妆品属目前科学技术水平尚不能发现缺陷存在的产品，所以法院判决化妆品厂免除对受害人陈某的赔偿责任。

3. 受害人的赔偿选择权

因产品存在缺陷造成人身、他人财产损害的，受害人可以向产品的生产者要求赔偿，也可以向产品的销售者要求赔偿。属于产品的生产者的责任而由产品的销售者赔偿的，产品的销售者有权向产品的生产者追偿。属于产品的销售者的责任而由产品的生产者赔偿的，产品的生产者有权向产品的销售者追偿。

4. 损害赔偿的范围

根据《产品质量法》的规定，因产品存在缺陷造成受害人人身伤害的，侵害人应当赔偿医疗费、治疗期间的护理费、因误工减少的收入等费用；造成残疾的，还应当支付残疾者生活自助具费、生活补助费、残疾赔偿金以及由其扶养的人所必需的生活费等费用；造成受害人死亡的，并应当支付丧葬费、死亡赔偿金以及由死者生前扶养的人所必需的生活费等费用。因产品存在缺陷造成受害人财产损失的，侵害人应当恢复原状或者折价赔偿。受害人因此遭受其他重大损失的，侵害人应当赔偿损失。

5. 损害赔偿的纠纷处理

因产品质量发生民事纠纷时，当事人可以通过协商或者调解解决。当事人不愿通过协商、调解解决或者协商、调解不成的，可以根据当事人各方的协议向仲裁机构申请仲裁；当事人各方没有达成仲裁协议或者仲裁协议无效的，可以直接向人民法院起诉。另外，《产品质量法》第四十五条规定，因产品存在缺陷造成损害要求赔偿的诉讼时效期间为 2 年，自当事人知道或者应当知道其权益受到损害时起计算。因产品存在缺陷造成损害要求赔偿的请求权，在造成损害的缺陷产品交付最初消费者满 10 年丧失；但是，尚未超过明示的安全使用期的除外。

二、产品质量行政责任

产品质量行政责任，也就是国家对具有行政违法性质的产品质量违法行为予以的行政法律制裁，即行政处罚。行政处罚的方式有：责令停止生产、销售，没收违法生产、销售的产品，没收违法所得，罚款，吊销营业执照等。

1. 生产、销售不符合保障人体健康和人身、财产安全的国家标准、行业标准的产品的，责令停止生产、销售，没收违法生产、销售的产品，并处违法生产、销售产品（包括已售出和未售出的产品，下同）货值金额等值以上 3 倍以下的罚款；有违法所得的，并处没收违法所得；情节严重的，吊销营业执照；构成犯罪的，依法追究刑事责任。

2. 在产品中掺杂、掺假，以假充真，以次充好，或者以不合格产品冒充合格产品的，责令停止生产、销售，没收违法生产、销售的产品，并处违法生产、销售产品货值金额 50% 以上 3 倍以下的罚款；有违法所得的，并处没收违法所得；情节严重的，吊销营业执照；构成犯罪的，依法追究刑事责任。

3. 生产国家明令淘汰的产品的，销售国家明令淘汰并停止销售的产品的，责令停止生产、销售，没收违法生产、销售的产品，并处违法生产、销售产品货值金额等值以下的罚款；有违法所得的，并处没收违法所得；情节严重的，吊销营业执照。

4. 销售失效、变质的产品的，责令停止销售，没收违法销售的产品，并处违法销售产品货值金额 2 倍以下的罚款；有违法所得的，并处没收违法所得；情节严重的，吊销营业执照；构成犯罪的，依法追究刑事责任。

5. 伪造产品产地的，伪造或者冒用他人厂名、厂址的，伪造或者冒用认证标志等质量标志的，责令改正，没收违法生产、销售的产品，并处违法生产、销售产品货值金额等值以下的罚款；有违法所得的，并处没收违法所得；情节严重的，吊销营业执照。

6. 产品标志不符合《产品质量法》规定的，责令改正；有包装的产品标志不符合《产品质量法》规定，情节严重的，责令停止生产、销售，并处违法生产、销售产品货值金额 30% 以下的罚款；有违法所得的，并处没收违法所得。

此外，对销售者销售《产品质量法》禁止销售的产品，拒绝接受依法进行的产品质量监督检查，产品质量检验机构、认证机构伪造检验结果或者出具虚假证明，在广告中对产品质量作虚假宣传以欺骗和误导消费者等行为，《产品质量法》都规定了行政处罚标准。

三、产品质量刑事责任

产品质量刑事责任是指产品的生产者、销售者违反法律规定的产品质量义务并构成犯罪时，由司法机关按照《中华人民共和国刑法》(以下简称《刑法》) 的规定强制其承担的法律后果。

为了保证人体健康和人身、财产安全，保护消费者的合法权益，维护社会经济秩序，我国《刑法》专门规定了“生产、销售伪劣产品罪”，主要包括以下情况：

1. 生产、销售假药、劣药已经危害或足以危害人体健康的。

2. 生产、销售不符合食品安全标准的食品，造成严重食物中毒事故的。

3. 在食品、饮料、酒类中掺入有毒、有害物质，造成伤亡事故的。

4. 生产、销售假农药、假兽药、假化肥、假种子造成严重后果的。

5. 生产、销售不符合卫生标准的化妆品和不符合保障人体健康、财产安全的国家标准、行业标准的医疗器械、医用卫生材料、电器、压力容器、易燃易爆产品等，造成严重后果的。

对销售失效、变质产品，在产品中掺杂、掺假，以假充真、以次充好等构成犯罪的，依法追究刑事责任；对产品质量检验机构、认证机构伪造检验结果或者出具虚假证明，以及市场监督管理部门的工作人员滥用职权、玩忽职守、徇私舞弊等构成犯罪的，依法追究刑事责任。

即学即练

因甲公司生产的真空食品袋质量不合格，造成乙公司 100 箱（共计 14 400 小袋）奶油派发霉变质，直接经济损失 7 000 元。该批食品是由丙、丁、戊三家商场销售的，已售出 630 小袋，20 多位购买者陆续向三家商场提出退货或者索赔要求，估计要求退货或者索赔的人数还会增加。

问题：

(1) 丙、丁、戊三家商场在此案例中有无法律责任？为什么？

(2) 乙公司是否应就变质食品向购买者承担责任？为什么？

（3）甲公司应承担什么法律责任？为什么？

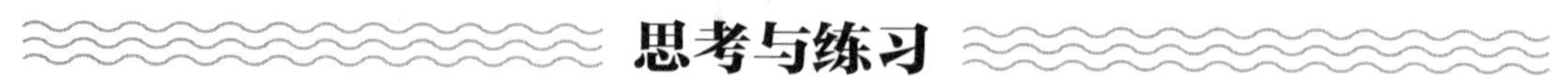

思考与练习

一、简答题

1. 产品质量监督管理体制的内容是什么？
2. 生产者的产品质量义务有哪些？
3. 销售者的产品质量义务有哪些？

二、案例分析题

某厂开发一种新型节能炉具，先后制造出10件样品，后来样品有6件丢失。该炉具尚未进入流通环节。2019年某户居民的燃气罐发生爆炸，查明原因是使用了该厂丢失的6件样品炉具中的一件，且该炉具存在重大缺陷。该户居民要求该厂赔偿损失，该厂不同意赔偿。

问题：上述案例中，该厂是否需要赔偿该户居民的损失？为什么？

《中华人民共和国产品质量法》全文

第四章　消费者权益保护法

保护消费者的合法权益，不仅直接关系到人民群众的切身利益，而且对规范经营者的行为、维护社会主义市场经济秩序具有十分重要的意义。本章将介绍消费者和消费者权益保护法的概念、《中华人民共和国消费者权益保护法》（以下简称《消费者权益保护法》）的适用范围、消费者的权利和经营者的义务、消费者权益的保护、经营者侵犯消费者权益的法律责任等内容。

学习目标

1. 了解消费者权益保护法的概念、适用范围，重点掌握消费者权益保护法的基本原则。

2. 熟悉消费者权利的具体内容和经营者所应当遵循的相关义务。

3. 了解消费者权益保护机构及其职责，重点掌握消费者权益的保护途径以及侵犯消费者权益所应当承担的法律责任。

第一节　消费者权益保护法概述

一、消费者和消费者权益保护法的概念

消费者是指为生活消费需要而购买、使用经营者所提供的商品或者接受经营者所提供的服务的市场主体。消费者的消费特指生活消费。

消费者权益保护法是调节商品生产经营者、服务经营者和消费者在商品交易、商品服务的经营与消费行为中所发生的社会关系的法律规范的总称。

二、《消费者权益保护法》的适用范围

【案例】

农民周某从丰收种子站购买了玉米种子。精心培育后，到了收获季节，地里种的玉米产量与往年比较明显偏少。经鉴定，丰收种子站售卖的玉米种子为伪劣种子，因此导致了玉米减产。周某要求该种子站赔偿他的经济损失。

【问题】

购买种子的农民是否受到《消费者权益保护法》的保护？

《消费者权益保护法》的适用范围如下：

1. 消费者为生活消费需要购买、使用商品或者接受服务。
2. 经营者为消费者提供其生产、销售的商品或者提供服务。

【案例分析】

购买种子的农民应受到《消费者权益保护法》的保护。农民购买、使用直接用于农业生产的生产资料适用《消费者权益保护法》。

三、《消费者权益保护法》的基本原则

《消费者权益保护法》第三条至第六条分别规定了该法遵循的四项原则。

1. 经营者应当依法提供商品或者服务的原则

经营者为消费者提供其生产、销售的商品或者提供服务，应当遵守《消费者权益保护法》。《消费者权益保护法》未作规定的，应当遵守其他有关法律、法规。

2. 自愿、平等、公平、诚实信用的原则

经营者与消费者进行交易，应当遵循自愿、平等、公平、诚实信用的原则。

3. 国家保护的原则

国家保护消费者的合法权益不受侵害。国家采取措施，保障消费者依法行使权利，维护消费者的合法权益。国家倡导文明、健康、节约资源和保护环境的消费方式，反对浪费。

4. 社会保护的原则

保护消费者的合法权益是全社会的共同责任。国家鼓励、支持一切组织和个人对损害消费者合法权益的行为进行社会监督。大众传播媒介应当做好维护消费者合法权益的宣传，对损害消费者合法权益的行为进行舆论监督。

即学即练

小红去某地旅游，在某景区内的一家店铺里看到很多具有民族特色的帽子，于是走上前去挑选。试戴了很多顶帽子后，没有挑到自己喜欢的款式，小红就想去其他店铺看一看，但是店主却拦住了她，说帽子都戴变形了，必须买，否则就别想走……

问题：这家店铺的行为违背了《消费者权益保护法》的什么原则?

第二节　消费者的权利和经营者的义务

一、消费者的权利

【案例 1】

一天，石某在一个小饭店吃饭，点了一份牛肉炒饭。但是，当服务员将炒饭端上来时，石某却发现是猪肉丝炒饭，当即询问服务员是否搞错了。服务员解释说："牛肉没有了，所以用猪肉丝代替，反正价格都是一样的。"石某向服务员和店主声明自己不爱吃猪肉，要求店主退钱。店主不同意，双方发生了争执。最后，在消费者协会的调解下，店主给石某退了钱，并赔礼道歉。

【问题】

小饭店的做法侵害了消费者石某的哪些权利？

1. 安全保障权

消费者在购买、使用商品和接受服务时享有人身、财产安全不受损害的权利。消费者有权要求经营者提供的商品和服务，符合保障人身、财产安全的要求。

2. 知悉真情权

消费者享有知悉其购买、使用的商品或者接受的服务的真实情况的权利。消费者有权根据商品或者服务的不同情况，要求经营者提供商品的价格、产地、生产者、用途、性能、规格、等级、主要成分、生产日期、有效期限、检验合格证明、使用方法说明书、售后服务，或者服务的内容、规格、费用等有关情况。

3. 自主选择权

消费者享有自主选择商品或者服务的权利。消费者有权自主选择提供商品或者服务的经营者，自主选择商品品种或者服务方式，自主决定购买或者不购买任何一种商品、接受或者不接受任何一项服务。消费者在自主选择商品或者服务时，有权进行比较、鉴别和挑选。

4. 公平交易权

消费者在购买商品或者接受服务时，有权获得质量保障、价格合理、计量正确等公平交易条件，有权拒绝经营者的强制交易行为。

5. 求偿权

消费者因购买、使用商品或者接受服务受到人身、财产损害的，享有依法获得赔偿的权利。

6. 结社权

消费者享有依法成立维护自身合法权益的社会组织的权利。

7. 获得知识权

消费者享有获得有关消费和消费者权益保护方面的知识的权利。消费者应当努力掌握所需商品或者服务的知识和使用技能，正确使用商品，提高自我保护意识。

8. 人格尊严、民族风俗习惯受尊重权

消费者在购买、使用商品和接受服务时，享有人格尊严、民族风俗习惯得到尊重的权利，享有个人信息依法得到保护的权利。

9. 监督、批评、建议、检举、控告权

消费者享有对商品和服务以及保护消费者权益工作进行监督的权利。消费者有权检举、控告侵害消费者权益的行为和国家机关及其工作人员在保护消费者权益工作中的违法失职行为，有权对保护消费者权益工作提出批评、建议。

【案例 1 分析】

该饭店所犯的错误是，未按照约定提供商品，侵犯了消费者的自主选择权。石某购买的是牛肉炒饭，店主已经同意并收了钱，应当按照双方的约定来履行义务。当没有牛肉不能履行义务时，应当向石某说明而不是自作主张地用其他商品来替代。

二、经营者的义务

【案例 2】

董先生在某手机卖场购买了一部某品牌的手机，卖场赠送他一块原装电池。当天晚上，董先生给赠送的新电池充电，插上电源后就睡觉了。夜间，突然被一声爆炸声惊醒，接着就看到电池在地毯上着火了，所幸没有人受伤。董先生既害怕又气愤，第二天一早就去卖场要求赔偿。然而卖场却强调，电池是赠品，不保证质量，拒绝了董先生的要求。最后，董先生向消费者协会投诉，消费者协会了解情况后发现，卖场赠送的电池并非原装电池，而是由某个小企业生产的假冒伪劣产品，存在严重的质量问题，属于不合格产品。经过调解，由卖场向董先生赔礼道歉，更换了一块原装电池，并赔偿了董先生的相关损失。

【问题】

（1）赠品有质量问题，经营者是否需要负责？

（2）这家卖场违背了哪些应尽的义务？

1. 经营者法定和约定的义务

经营者向消费者提供商品或者服务，应当依照《消费者权益保护法》和其他有关法律、法规的规定履行义务。经营者和消费者有约定的，应当按照约定履行义务，但双方的约定不得违背法律、法规的规定。

经营者向消费者提供商品或者服务，应当恪守社会公德，诚信经营，保障消费者的合法权益；不得设定不公平、不合理的交易条件，不得强制交易。

2. 听取意见、接受监督的义务

经营者应当听取消费者对其提供的商品或者服务的意见，接受消费者的监督。

3. 保障消费者安全的义务

经营者应当保证其提供的商品或者服务符合保障人身、财产安全的要求。对可能危及人身、财产安全的商品和服务，应当向消费者作出真实的说明和明确的警示，并说明和标明正确使用商品或者接受服务的方法以及防止危害发生的方法。

宾馆、商场、餐馆、银行、机场、车站、港口、影剧院等经营场所的经营者，应当对消费者尽到安全保障义务。

经营者发现其提供的商品或者服务存在缺陷，有危及人身、财产安全危险的，应当立即向有关行政部门报告和告知消费者，并采取停止销售、警示、召回、无害化处理、销毁、停止生产或者服务等措施。采取召回措施的，经营者应当承担消费者因商品被召回支出的必要费用。

4. 提供真实信息的义务

经营者向消费者提供有关商品或者服务的质量、性能、用途、有效期限等信息，应当真实、全面，不得作虚假或者引人误解的宣传。经营者对消费者就其提供的商品或者服务的质量和使用方法等问题提出的询问，应当作出真实、明确的答复。经营者提供商品或者服务应当明码标价。

5. 真实标示的义务

经营者应当标明其真实名称和标记。租赁他人柜台或者场地的经营者，应当标明其真实名称和标记。

6. 出具单据的义务

经营者提供商品或者服务，应当按照国家有关规定或者商业惯例向消费者出具发票等购货凭证或者服务单据；消费者索要发票等购货凭证或者服务单据的，经营者必须出具。

7. 质量担保的义务

经营者应当保证在正常使用商品或者接受服务的情况下其提供的商品或者服务应当具有的质量、性能、用途和有效期限；但消费者在购买该商品或者接受该服务前已经知道其存在瑕疵，且存在该瑕疵不违反法律强制性规定的除外。

经营者以广告、产品说明、实物样品或者其他方式表明商品或者服务的质量状况的，应当保证其提供的商品或者服务的实际质量与表明的质量状况相符。

经营者提供的机动车、计算机、电视机、电冰箱、空调器、洗衣机等耐用商品或者装饰装修等服务，消费者自接受商品或者服务之日起 6 个月内发现瑕疵，发生争议的，由经营者承担有关瑕疵的举证责任。

8. 三包的义务

经营者提供的商品或者服务不符合质量要求的，消费者可以依照国家规定、当事人约定退货，或者要求经营者履行更换、修理等义务。没有国家规定和当事人约定的，消费者可以自收到商品之日起 7 日内退货；7 日后符合法定解除合同条件的，消费者可以及时退货，不符合法定解除合同条件的，可以要求经营者履行更换、修理等义务。

依照上述规定进行退货、更换、修理的，经营者应当承担运输等必要费用。

9. 7 日无理由退货的义务

经营者采用网络、电视、电话、邮购等方式销售商品，消费者有权自收到商品之日起 7 日内退货，且无需说明理由，但下列商品除外：①消费者定作的；②鲜活易腐的；③在线下载或者消费者拆封的音像制品、计算机软件等数字化商品；④交付的报纸、期刊。除上述所列商品外，其他根据商品性质并经消费者在购买时确认不宜退货的商品，不适用无理由退货。

消费者退货的商品应当完好。经营者应当自收到退回商品之日起 7 日内返还消费者支付的商品价款。退回商品的运费由消费者承担；经营者和消费者另有约定的，按照约定。

10. 禁止经营者以格式合同、告示等方式免责

经营者在经营活动中使用格式条款的，应当以显著方式提请消费者注意商品或者服务的数量和质量、价款或者费用、履行期限和方式、安全注意事项和风险警示、售后服务、民事责任等与消费者有重大利害关系的内容，并按照消费者的要求予以说明。

经营者不得以格式条款、通知、声明、店堂告示等方式，作出排除或者限制消费者权利、减轻或者免除经营者责任、加重消费者责任等对消费者不公平、不合理的规定，不得利用格式条款并借助技术手段强制交易。格式条款、通知、声明、店堂告示等含有上述所列内容的，其内容无效。

11. 不得侵犯人身自由的义务

经营者不得对消费者进行侮辱、诽谤，不得搜查消费者的身体及其携带的物品，不得侵犯消费者的人身自由。

12. 保护消费者个人信息的义务

经营者收集、使用消费者个人信息，应当遵循合法、正当、必要的原则，明示收集、使用信息的目的、方式和范围，并经消费者同意。经营者收集、使用消费者个人信息，应当公开其收集、使用规则，不得违反法律、法规的规定和双方的约定收集、使用信息。

经营者及其工作人员对收集的消费者个人信息必须严格保密，不得泄露、出售或者非法向他人提供。经营者应当采取技术措施和其他必要措施，确保信息安全，防止消费者个人信息泄露、丢失。在发生或者可能发生信息泄露、丢失的情况时，应当立即采取补救措施。

经营者未经消费者同意或者请求，或者消费者明确表示拒绝的，不得向其发送商业性信息。

【案例 2 分析】

（1）赠品有质量问题，经营者要负责。促销活动中的赠品也是商品，经营者必须对商品质量负责，保证消费者的人身、财产安全不受侵犯。

（2）该卖场没有按照约定赠送原装电池，且违法销售假冒伪劣产品给董先生造成一定的损失，违背了《消费者权益保护法》关于保障消费者安全义务的规定；卖场以产品是赠品为由声称不保证产品质量，违背了《消费者权益保护法》关于质量担保义务的规定。

即学即练

王女士去逛超市，购物结完账准备离开时被超市工作人员拦下，说要搜查她的包。王女士很气愤，质问对方凭什么搜查，并拒绝了对方的要求。超市工作人员说怀疑她偷拿了商品，并且不顾她的解释与反对，强行对她随身携带的包进行了搜查。结果，除了购物单上的物品之外，没有发现其他未结账的商品。这样的行为引起了很多群众的围观。王女士又羞又恼，事后将该超市告上法庭，要求超市赔偿。

问题：超市的行为侵犯了消费者什么权利？

第三节　消费者权益的保护

一、消费者权益保护机构及其职责

1. 国家机关的职责

（1）各级人民政府应当加强领导，组织、协调、督促有关行政部门做好保护消费者合法权益的工作，落实保护消费者合法权益的职责。各级人民政府应当加强监督，预防危害消费者人身、财产安全行为的发生，及时制止危害消费者人身、财产安全的行为。

（2）各级人民政府市场监督管理部门和其他有关行政部门应当依照法律、法规的规定，在各自的职责范围内，采取措施，保护消费者的合法权益。有关行政部门应当听取消费者和消费者协会等组织对经营者交易行为、商品和服务质量问题的意见，及时调查处理。

（3）有关行政部门在各自的职责范围内，应当定期或者不定期对经营者提供的商品和服务进行抽查检验，并及时向社会公布抽查检验结果。有关行政部门发现并认定经营者提供的商品或者服务存在缺陷，有危及人身、财产安全危险的，应当立即责令经营者采取停止销售、警示、召回、无害化处理、销毁、停止生产或者服务等措施。

（4）有关国家机关应当依照法律、法规的规定，惩处经营者在提供商品和服务中侵害消费者合法权益的违法犯罪行为。

（5）人民法院应当采取措施，方便消费者提起诉讼。对符合《中华人民共和国民事诉讼法》起诉条件的消费者权益争议，必须受理，及时审理。

2. 消费者自我保护组织的职责

消费者自我保护组织简称消费者组织，是指依法成立的对商品和服务进行社会监督的保护消费者合法权益的社会组织，包括消费者协会和其他消费者组织。在我国，消费者协会是消费者组织的主要形式。

消费者协会是由政府有关部门发起，经国务院或地方各级人民政府批准，依法成立的社会团体，是依据法律赋予的八项职能，专门从事消费者权益保护工作的公益性组织。消费者协会履行下列公益性职责：

（1）向消费者提供消费信息和咨询服务，提高消费者维护自身合法权益的能力，引导文明、健康、节约资源和保护环境的消费方式。

（2）参与制定有关消费者权益的法律、法规、规章和强制性标准。

（3）参与有关行政部门对商品和服务的监督、检查。

（4）就有关消费者合法权益的问题，向有关行政部门反映、查询，提出建议。

（5）受理消费者的投诉，并对投诉事项进行调查、调解。

（6）投诉事项涉及商品和服务质量问题的，可以委托具备资格的鉴定人鉴定，鉴定人应当告知鉴定意见。

（7）就损害消费者合法权益的行为，支持受损害的消费者提起诉讼或者依照本法提起诉讼。

（8）对损害消费者合法权益的行为，通过大众传播媒介予以揭露、批评。

各级人民政府对消费者协会履行职责应当予以必要的经费等支持。

二、消费者权益的保护途径

【案例】

何女士在某商场购买了一台多功能食品加工机，回家试用后发现该产品只有一种功能，于是向商场提出退货要求，商场答复："该产品说明书未就其性能作明确说明，这是厂家的责任，所以顾客应向厂家索赔，商场概不负责。"

【问题】

何女士应该如何维护自己的权益？

消费者和经营者发生消费者权益争议的，可以通过下列途径解决：

1. 与经营者协商和解。

2. 请求消费者协会或者依法成立的其他调解组织调解。

3. 向有关行政部门投诉。

4. 根据与经营者达成的仲裁协议提请仲裁机构仲裁。

5. 向人民法院提起诉讼。

【案例分析】

何女士向商场提出退货要求被商场拒绝，商场的做法违反了《消费者权益保护法》规定的经营者义务，何女士可请求消费者协会出面调解，也可请求产品质量监督部门责令商场改正、处以罚款，还可直接向人民法院提起诉讼。

即学即练

小陈去某市出差，一下飞机就拦了辆出租车。上车后小陈告诉司机去某饭店，司机说："车费 50 元。"小陈一愣，问对方："到这家饭店没多远，怎么要这么多钱呢？"司机说："这是我们的规矩，坐机场的出租车去市区，不论远近，都收 50 元，不打表。"小陈这时才发现出租车内没有计价器，也没有粘贴价格标准。正准备与司机交涉，司机却不耐烦了，对小陈说："你坐不坐，不坐就下车，我还要拉其他客人呢。"小陈看天色已晚，只好忍住不快。

问题：

（1）出租车司机的行为使小陈的哪些权益受到了损害？

（2）小陈应该如何维护自己的权益？

第四节　经营者侵犯消费者权益的法律责任

一、经营者侵犯消费者权益的民事责任

【案例】

某天，小明在饮用某品牌的啤酒时，两瓶啤酒突然发生爆炸，导致小明的双眼被炸伤，治疗共花费 57 845.43 元。后经当地司法鉴定中心鉴定，小明的眼睛为七级伤残。小明被炸当日，向当地消费者协会投诉，消费者协会到现场进行了调查，发现两只发生爆炸的啤酒瓶均为不合格产品。消费者协会立刻通报了这家啤酒厂，厂家在小明治疗期间支付了 20 000 元后就不再支付任何费用。小明再次请求消费者协会给予帮助。

【问题】

这家啤酒厂应当承担哪些责任？

经营者对民事责任的具体承担方式包括损害赔偿、停止侵害、恢复名誉、消除影响、赔礼道歉、修理、更换、退货、支付违约金等。

1. 产品质量的民事责任

经营者提供商品或者服务有下列情形之一的，除《消费者权益保护法》另有规定外，应当依照其他有关法律、法规的规定，承担民事责任：

（1）商品或者服务存在缺陷的。

（2）不具备商品应当具备的使用性能而出售时未作说明的。

（3）不符合在商品或者其包装上注明采用的商品标准的。

（4）不符合商品说明、实物样品等方式表明的质量状况的。

（5）生产国家明令淘汰的商品或者销售失效、变质的商品的。

（6）销售的商品数量不足的。

（7）服务的内容和费用违反约定的。

（8）对消费者提出的修理、重作、更换、退货、补足商品数量、退还货款和服务费用或者赔偿损失的要求，故意拖延或者无理拒绝的。

（9）法律、法规规定的其他损害消费者权益的情形。

2. 致人伤亡的民事责任

经营者提供商品或者服务，造成消费者或者其他受害人人身伤害的，应当赔偿医疗费、护理费、交通费等为治疗和康复支出的合理费用，以及因误工减少的收入。造成残疾的，还应当赔偿残疾生活辅助具费和残疾赔偿金。造成死亡的，还应当赔偿丧葬费和死亡赔偿金。

3. 侵犯消费者其他人身权的民事责任

经营者侵害消费者的人格尊严、侵犯消费者人身自由或者侵害消费者个人信息依法得到保护的权利的，应当停止侵害、恢复名誉、消除影响、赔礼道歉，并赔偿损失。

经营者有侮辱诽谤、搜查身体、侵犯人身自由等侵害消费者或者其他受害人人身权益的行为，造成严重精神损害的，受害人可以要求精神损害赔偿。

4. 造成财产损害的民事责任

经营者提供商品或者服务，造成消费者财产损害的，应当依照法律规定或者当事人约定承担修理、重作、更换、退货、补足商品数量、退还货款和服务费用或者赔偿损失等民事责任。

5. 违反约定的民事责任

（1）经营者以预收款方式提供商品或者服务的，应当按照约定提供。未按照约定提供的，应当按照消费者的要求履行约定或者退回预付款；并应当承担预付款的利息、消费者必须支付的合理费用。

（2）依法经有关行政部门认定为不合格的商品，消费者要求退货的，经营者应当负责退货。

6. 欺诈行为的民事责任

经营者提供商品或者服务有欺诈行为的，应当按照消费者的要求增加赔偿其受到的损失，增加赔偿的金额为消费者购买商品的价款或者接受服务的费用的3倍；增加赔偿的金额不足500元的，为500元。法律另有规定的，依照其规定。

经营者明知商品或者服务存在缺陷，仍然向消费者提供，造成消费者或者其他受害人死亡或者健康严重损害的，受害人有权要求经营者依照《消费者权益保护法》规定赔偿损失，并有权要求所受损失2倍以下的惩罚性赔偿。

【案例分析】

这家啤酒厂给消费者小明造成了人身伤害，小明被鉴定为七级伤残。《消费者权益保护法》规定，经营者提供商品或者服务，造成消费者或者其他受害人人身伤害的，应当赔偿医疗费、护理费、交通费等为治疗和康复支出的合理费用，以及因误工减少的收入；造成残疾的，还应当赔偿残疾生活自助具费和残疾赔偿金。因此，这家啤酒厂应当赔偿小明的医疗费、误工费、伤残赔偿金、后期治疗费等费用。

二、经营者侵犯消费者权益的行政责任

行政责任的具体承担方式有责令改正、警告、没收非法所得、责令停止整顿、吊销营业执照等。

经营者有下列情形之一，除承担相应的民事责任外，其他有关法律、法规对处罚机关和处罚方式有规定的，依照法律、法规的规定执行；法律、法规未作规定的，由市场监督管理部门或者其他有关行政部门责令改正，可以根据情节单处或者并处警告、没收违法所得、处以违法所得1倍以上10倍以下的罚款，没有违法所得的，处以50万元以下的罚款；情节严重的，责令停业整顿、吊销营业执照：

1. 提供的商品或者服务不符合保障人身、财产安全要求的。

2. 在商品中掺杂、掺假，以假充真，以次充好，或者以不合格商品冒充合格商品的。

3. 生产国家明令淘汰的商品或者销售失效、变质的商品的。

4. 伪造商品的产地，伪造或者冒用他人的厂名、厂址，篡改生产日期，伪造或者冒用认证标志等质量标志的。

5. 销售的商品应当检验、检疫而未检验、检疫或者伪造检验、检疫结果的。

6. 对商品或者服务作虚假或者引人误解的宣传的。

7. 拒绝或者拖延有关行政部门责令对缺陷商品或者服务采取停止销售、警示、召回、无害化处理、销毁、停止生产或者服务等措施的。

8. 对消费者提出的修理、重作、更换、退货、补足商品数量、退还货款和服务费用或者赔偿损失的要求，故意拖延或者无理拒绝的。

9. 侵害消费者人格尊严、侵犯消费者人身自由或者侵害消费者个人信息依法得到保护的权利的。

10. 法律、法规规定的对损害消费者权益应当予以处罚的其他情形。

三、经营者侵犯消费者权益的刑事责任

经营者违反《消费者权益保护法》规定提供商品或者服务，侵害消费者合法权益，构成犯罪的，依法追究刑事责任。

即学即练

王苗在一本杂志上看到某套装很时尚，价格也合理，商品说明为：灰色套装，标准尺码，罗马呢面料，价格350元。于是，王苗就按上面的地址汇了款。一周后，王苗收到了衣服，打开一看，却发现和自己所订购的商品完全不一样，颜色为蓝色，面料也不是呢子的。王苗很气愤，立刻打电话要求退货，但对方完全不理会。于是，王苗向当地消费者协会进行了投诉。

问题：王苗提出的退货要求合理吗？案例中的商家应承担什么责任？

思考与练习

一、简答题

1. 消费者权益保护法的概念是什么？
2. 消费者权益保护法的适用范围是什么？
3. 经营者应当履行哪些义务？
4. 消费者协会的职能有哪些？
5. 消费者权益争议的解决途径有哪些？

二、案例分析题

1. 李娟请两位同学去某茶楼喝茶。在点茶水的时候，李娟点了一壶20元钱的绿茶，服务员说："我们茶楼每人最低消费是10元，请你重新点一下吧。"李娟不同意，服务员却一再坚持，李娟没有理睬她，服务员提出，如果达不到最低消费标准，他们不好上茶水。李娟没办法，只好重新点了一壶30元以上的花茶。

问题：

（1）这间茶楼侵犯了消费者李娟的什么权利？

（2）李娟应该如何维护自己的权益？

2. 小朱因工作需要，去某电子城买笔记本电脑。逛了几个品牌柜台后，她看中了某品牌笔记本电脑。谈到价格时，售货员对她说，开发票要3 700元，不开票只要3 500元，不论开不开，同等享受"三包"服务。小朱选择了不开发票，把电脑买回家。6个月后，小朱的笔记本电脑出现了故障，她将电脑送到该品牌的售后服务点进行维修，工作人员请她出具发票凭证，小朱解释说没有开发票，但是有"三包"凭证。工作人员回答她，有发票凭证可享受"三包"服务，没有发票凭证，只能付费维修。小朱与工作人员争执了半天，最终还是付费维修了。

问题：这位售货员不给小朱出具发票的做法正确吗？为什么？

《中华人民共和国消费者权益保护法》全文

第五章 商务活动中的其他相关法律

前面几章介绍了公司法、合同法、产品质量法、消费者权益保护法等与商务活动密切相关的法律。在市场经济条件下，营销活动多种多样，这些活动的主体除了受到以上所述法律的约束之外，还会涉及知识产权法、反不正当竞争法、环境保护法、食品安全法等法律。

学习目标

1. 掌握知识产权法中专利法、商标法、著作权法的基本概念、特征和适用范围。

2. 了解不正当竞争行为的概念，重点掌握不正当竞争行为的不同种类及各自所涵盖的内容。

3. 了解环境保护法、食品安全法的基本概念和适用范围，熟悉环境保护法律制度及法律责任，掌握食品安全控制制度、食品安全监督管理与食品安全事故处理方法。

第一节　知识产权法

知识产权是指权利人对其创造的智力劳动成果所享有的专有权利。各种智力创造，如发明、文学和艺术作品，以及在商业活动中使用的标志、名称、图像及外观设计，都可以被认为是某一个人或组织所拥有的知识产权。

知识产权法是指因调整知识产权的归属、行使、管理和保护等活动而产生的社会关系的法律规范的总称。知识产权法主要包括专利法、商标法、著作权法等。

一、专利法

【案例 1】

为了解决世界能源危机问题，科技人员李某提出新的设想：如果在太阳和地球之间建立一个直径为 1 万公里的圆壳体，就可以将太阳的能量反射到地球，这样地球的能量就会增加 100 亿倍，就能解决地球危机。

【问题】

李某的设想是否可以申请专利呢？

1. 专利法的概念

专利法是确认发明人（或其权利继受人）对其发明享有专有权，规定专利权人的权利和义务的法律规范的总称。

2.《中华人民共和国专利法》（以下简称《专利法》）的适用范围

因申请、取得、利用和保护专利过程中产生的社会关系都属于《专利法》调整的对象。

3.《专利法》的保护对象

《专利法》的保护对象有发明、实用新型和外观设计。

（1）发明是指对产品、方法或者其改进所提出的新的技术方案。

（2）实用新型是指对产品的形状、构造或者其结合所提出的适于实用的新的技术方案。

（3）外观设计是指对产品的形状、图案或者其结合以及色彩与形状、图案的结合所作出的富有美感并适于工业应用的新设计。

4. 专利权的特征

（1）具有独占性

专利权专属于权利人所有，专利权人对其权利的客体享有占有、使用、收益和处分的权利。

（2）具有时间性

专利权具有一定的时间限制，也就是法律规定的保护期限。

（3）具有地域性

一个国家或一个地区所授予和保护的专利权仅在该国或地区的范围内有效，对其他国家和地区不发生法律效力。

5. 专利权的主体

专利权的主体是指可以申请并取得专利权的单位和个人，即专利权人。属于职务发明的专利权人是发明人所在的单位。

6. 不能授予专利权的对象

（1）科学发现。

（2）智力活动的规则和方法。

（3）疾病的诊断和治疗方法。

（4）动物和植物品种。

（5）用原子核变换方法获得的物质。

（6）对平面印刷品的图案、色彩或者二者的结合作出的主要起标志作用的设计。

对前款第（4）项所列产品的生产方法，可以依照《专利法》规定授予专利权。

7. 授予专利权的条件

（1）授予发明和实用新型，应当具备新颖性、创造性和实用性。

（2）授予外观设计，应当具备新颖性。

【案例1分析】

李某的设想不可以申请专利。因为这个专利申请不具有实用性。根据《专利法》的规定，授予专利权要满足三个条件：新颖性、创造性和实用性。虽然李某的构思具有新颖性和创造性，但是却不具有实用性。实用性是指该发明或者实用新型能够制造或者使用，并且能够产生积极效果。李某的发明是一种设想，无法在实践中实施。同时，李某也没有说明这项技术方案的具体制作方法，如采用什么材料、如何制作等，所以李某的构思只是一种设想，不具备授予专利的条件。

《中华人民共和国专利法》全文 

二、商标法

【案例2】

某市生产水果罐头的甲厂生产的芒果罐头使用未注册的“芒芒”商标。没过多久，该市另一家生产水果罐头的乙厂派人找到甲厂领导，指责甲厂使用的“芒芒”商标与他们厂使用的“茫茫”商标发音相同，要求甲厂停止使用，否则就构成侵权。后经了解，乙厂使用的“茫茫”商标也是未经注册的商标。

【问题】

（1）未注册的商标是否具有专用权？

（2）乙厂对甲厂提出的要求是否合法？

（3）如果你是甲厂厂长，应采取何种措施来保护自己的“芒芒”商标的专用权？

1. 商标及商标法的概念

商标是商品的生产者、经营者在其生产、制造、加工、拣选或者经销的商品上或者服务的提供者在其提供的服务上采用的，用于区别商品或者服务来源的，由文字、图形、字母、数字、三维标志、颜色组成，或者上述要素的组合，具有显著特征的标志。

商标法是确认商标专用权，规定商标注册、使用、转让、保护和管理的法律规范的总称。它的作用是加强商标管理，保护商标专用权，促进商品的生产者、经营者保证商品和服务的质量，维护商标的信誉，以保证消费者的利益，促进社会主义市场经济的发展。

2. 商标的分类

（1）商标按照构成要素可分为文字商标、图形商标和文字图形商标等。

（2）商标按照使用对象可分为商品商标、服务商标和集体商标。

3. 商标注册的概念

商标注册是指依照法律规定，向政府有关管理机关申请登记载入特定簿册，并因此取得专用权的商标，即《中华人民共和国商标法》（以下简称《商标法》）所称注册商标是指经商标局核准注册的商标。商标经注册后即取得商标专用权，受到法律保护。使用注册商标应当标明“注册商标”字样，在商品上不便标明的，应当标明在商品的外包装或者说明书以及其他附着物上。

4. 商标注册的原则

（1）自愿注册和强制注册相结合的原则。

（2）申请在先为主、使用在先为辅的原则。

（3）优先权原则。商标注册申请人自其商标在外国第一次提出商标注册申请之日起 6 个月内，又在中国就相同商品以同一商标提出商标注册申请的，依照该外国同中国签订的协议或者共同参加的国际条约，或者按照相互承认优先权的原则，可以享有优先权。商标在中国政府主办的或者承认的国际展览会展出的商品上首次使用的，自该商品展出之日起 6 个月内，该商标的注册申请人可以享有优先权。

（4）一类商标、一份申请原则。同一申请人在不同类别的商品上使用同一注册商标的，应按商品分类提出注册申请。

【案例2分析】

（1）除了驰名商标之外，未注册商标不具有专用权。《商标法》规定，经商标局核准注册的商标为注册商标，商标注册人享有商标专用权，受法律保护。我国《商标法》保护的直接对象是注册商标，所有法律条款都是围绕注册商标保护来进行设定的，未注册商标不受《商标法》保护。

（2）乙厂的要求没有法律根据。因为其使用的商标“茫茫”也是未经注册的商标，不享有专用权，所以甲厂并没有冒用注册商标，没有侵权。

（3）甲厂应尽快申请注册商标。

《中华人民共和国商标法》全文 

三、著作权法

1. 著作权法的概念

著作权法是为了保护文学、艺术和科学作品作者的著作权，以及与著作权有关的权益，鼓励有益于社会主义精神文明、物质文明建设的作品的创作和传播，促进社会主义文化和科学事业的发展与繁荣而制定的法律。

2.《中华人民共和国著作权法》（以下简称《著作权法》）的适用范围

中国公民、法人或者其他组织的作品，不论是否发表，依照《著作权法》享有著作权。

外国人、无国籍人的作品根据其作者所属国或者经常居住地国同中国签订的协议或者共同参加的国际条约享有的著作权，受《著作权法》保护。外国人、无国籍人的作品首先在中国境内出版的，依照《著作权法》享有著作权。

未与中国签订协议或者共同参加国际条约的国家的作者以及无国籍人的作品首次在中国参加的国际条约的成员国出版的，或者在成员国和非成员国同时出版的，受《著作权法》保护。

3. 著作权的概念

著作权是基于特定作品的人格权以及全面支配该作品并享受其利益的财产权的总称，是基于文学、艺术和科学作品而产生的法律赋予公民、法人和其他组织等民事主体的一种特殊的民事权利。

4. 著作权的取得

著作权的取得即著作权的产生，是国家对作者的作品给予法律保护所采取的一种措施。

（1）必须是文学、艺术和科学领域内的智力创作

为他人创作进行组织工作，提供咨询意见、物质条件，或者进行其他辅助工作，均不视为创作。

（2）必须具有原创性

即作品是由作者独立构思而成的，而不是抄袭、剽窃、篡改他人的。

（3）必须具有复制性

作品只有符合可复制性，才能再现、传播，产生效益，从而获得必要的保护。

5. 不受《著作权法》保护的对象

（1）不适于著作权保护的对象

主要包括：法律、法规，国家机关的决议、决定、命令和其他具有立法、行政、司法性质的文件，及其官方正式译文；时事新闻；历法、通用数表、通用表格和公式。

（2）已过著作权保护期的作品

著作权的保护期有期限限制，超过保护期的作品便为社会公有。但作者人身权中的署名权、修改权、保护作品完整权不受保护期限的限制，将永久受到法律保护。

即学即练

近年来A公司在电梯制动器市场上发展迅速，已跻身领军团队之列，产品常年供应多家国际著名公司。随着市场规模的逐渐扩大，他们的长期客户每个季度订单都呈现成倍增加的趋势。2018年夏天，A公司发现位于广州的一家美资企业的客户订单出现反常现象，数月来订单一直处于一个相对固定的水平上，与

实际的市场需求情况相差甚远。经调查核实，发现这家美资企业的厂房内出现了大量B电器有限公司生产的同类产品，并且与A公司的某实用新型专利描述基本类似。

问题：B公司的行为是否侵犯了A公司的专利权？A公司应该如何维权？

《中华人民共和国著作权法》全文 

第二节　反不正当竞争法

反不正当竞争法是为了促进社会主义市场经济健康发展，鼓励和保护公平竞争，制止不正当竞争行为，保护经营者和消费者的合法权益而制定的法律。

一、不正当竞争行为

【案例】

为争夺市场，某市甲、乙两家企业通过下列行为展开了激烈的竞争：

（1）甲企业忍痛附赠奖品，价值为购货款的5%。

（2）乙企业认为甲企业的做法太笨拙，该企业声称：凡购买本企业产品的消费者均有抽奖机会，最高奖品是价值10万元的小轿车。

【问题】

甲、乙两家企业相互间的竞争行为是否正当？

1. 不正当竞争行为的概念

不正当竞争行为是指经营者在生产经营活动中，违反《中华人民共和国反不正当竞争法》（以下简称《反不正当竞争法》）规定，扰乱市场竞争秩序，损害其他经营者或者消费者的合法权益的行为。

2. 不正当竞争行为的种类

不正当竞争行为主要包括混淆行为、虚假宣传行为、商业贿赂行为、不正当有奖销售行为、侵犯商业秘密行为和诋毁商誉行为。

（1）混淆行为

混淆行为是指盗用他人的商业信誉或者商品声誉，使其商品与他人的商品发生混淆，从中谋取非法利益的行为。其形式有三种：一是擅自使用与他人有一定影响的商品名称、包装、装潢等相同或者近似的标志；二是擅自使用他人有一定影响的企业名称（包括简称、字号等）、社会组织名称（包括简称等）、姓名（包括笔名、艺名、译名等）；三是擅自使用他人有一定影响的域名主体部分、网站名称、网页等。

（2）虚假宣传行为

虚假宣传行为是指经营者利用广告或其他办法，对其商品的性能、功能、质量、销售状况、用户评价、曾获荣誉等作虚假或者引人误解的商业宣传，欺骗、误导消费者。经营者不得通过组织虚假交易等方式，帮助其他经营者进行虚假或者引人误解的商业宣传。

（3）商业贿赂行为

商业贿赂行为是指经营者在市场交易过程中，以给付财物或者提供其他好处为手段贿赂交易相对人、受交易相对方委托办理相关事务的单位或者个人及利用职权或者影响力影响交易的单位或者个人，以争取交易机会和优惠的交易条件的行为。

（4）不正当有奖销售行为

不正当有奖销售行为是指经营者以提供物品、金钱或者其他条件等奖励手段刺激他人购买其商品的行为。其形式有三种：一是所设奖的种类、兑奖条件、奖金金额或者奖品等有奖销售信息不明确，影响兑奖；二是采用谎称有奖或者故意让内定人员中奖的欺骗方式进行有奖销售；三是最高奖金额超过 5 万元的抽奖式有奖销售行为。

（5）侵犯商业秘密行为

侵犯商业秘密行为包括三种：一是以盗窃、贿赂、欺诈、胁迫或者其他不正当手段获取权利人的商业秘密；二是披露、使用或者允许他人使用以前项手段获取的权利人的商业秘密；三是违反约定或者违反权利人有关保守商业秘密的要求，披露、使用或者允许他人使用其所掌握的商业秘密。第三人明知或者应知商业秘密权利人的员工、前员工或者其他单位、个人实施上述所列违法行为，仍获取、披露、使用或者允许他人使用该商业秘密的，视为侵犯商业秘密。

（6）诋毁商誉行为

诋毁商誉行为是指经营者编造、传播虚假信息或者误导性信息，损害竞争对手的商业信誉、商品声誉。

【案例分析】

甲企业的行为是正当竞争行为；乙企业所设立的有奖销售最高奖金额超过5万元的限制，属于不正当有奖销售行为，是不正当竞争行为。

二、经营者违法的法律责任

经营者违反《反不正当竞争法》规定，给他人造成损害的，应当依法承担民事责任。经营者的合法权益受到不正当竞争行为损害的，可以向人民法院提起诉讼。因不正当竞争行为受到损害的经营者的赔偿数额，按照其因被侵权所受到的实际损失确定；实际损失难以计算的，按照侵权人因侵权所获得的利益确定。赔偿数额还应当包括经营者为制止侵权行为所支付的合理开支。

即学即练

某市甲、乙两家工厂均生产一种名为“记忆增强器”的产品，甲厂的产品质量要比乙厂的产品质量好得多，因此市场占有率远远高于乙厂。乙厂为了改变这一状况，付了一笔钱给甲厂的技术员周某，获得了甲厂的技术秘密。乙厂运用这些技术对自己的产品进行改造，同时在电视上做广告宣传，声称本厂生产的记忆增强器功效好、速度快，其他厂家的产品质量无法保证，呼吁消费者当心，并且用高额回扣诱使本市大型商场的购货人员不再采购甲厂的产品。不久之后，乙厂的市场占有率超过了甲厂，甲厂的经济效益明显下降。经调查，甲厂发现了技术员周某和乙厂的这些不正当行为，于是向法院起诉周某和乙厂。

问题：

（1）乙厂的哪些行为构成了不正当竞争行为？

（2）乙厂要承担哪些法律责任？

《中华人民共和国反不正当竞争法》全文

第三节　环境保护法

一、环境保护法的概念

环境保护法是调整人们在开发、利用、保护、改善环境，防治环境污染和其他公害的活动中所产生的各种社会关系的法律规范的总称。其目的是保护和改善环境，防治污染和其他公害，保障公众健康，推进生态文明建设，促进经济社会可持续发展。

《中华人民共和国环境保护法》（以下简称《环境保护法》）所称的环境是指影响人类生存和发展的各种天然的和经过人工改造的自然因素的总体，包括大气、水、海洋、土地、矿藏、森林、草原、湿地、野生生物、自然遗迹、人文遗迹、自然保护区、风景名胜区、城市和乡村等。

二、环境保护法律制度

【案例】

某化工厂是一家生产化学添加剂的企业，2015年，该厂通过了区生态环境局环境影响评估审批，在废水处理设施验收合格后，正式投入生产。2019年，该化工厂为了扩大生产规模、增加企业利润，在未向生态环境局申报的情况下扩建了加工精制3–硝基、4–氨基苯酚生产线，但其污染防治设施没有进行相应改造，在投入生产使用前也未履行相应的审批手续。扩建设备投入使用后，因原废水处理设施无法处理大量的新增废水，造成处理池废水外溢和直接排放，污染了附近的河道。区生态环境局接到举报后，对化工厂进行了现场检查。但化工厂以保守技术秘密为由阻拦环保人员进入生产车间，并拒绝提供扩建工程的任何资料。生态环境局对排污口排放的污水进行了监测，结果表明污染物排放严重超过规定的排放标准。

【问题】

该化工厂的行为违反了我国哪些环境保护法律制度?

1. 环境影响评价制度

环境影响评价制度是指对规划和建设项目实施后可能造成的环境影响进行评价、预测和评估，提出预防或者减轻不良环境影响的对策和措施，并进行跟踪监测的方法与制度。

2.“三同时”制度

“三同时”制度是指建设项目需要配置的环境保护设施必须与主体工程同时设计、同时施工、同时投产使用的环境法律制度。“三同时”制度是我国独创的一种环境保护法律制度，是控制新污染源的产生、实现预防为主原则的一条重要途径。

3. 排污收费制度

排污收费制度是指国家环境管理机关根据法律、法规的规定，向排放污染物或超过规定的标准排放污染物的排污者征收一定费用的制度。征收排污费的目的是促使排污者加强经营管理，节约和综合利用资源，治理污染，改善环境。排污收费制度是“污染者付费”原则的集中体现，可以使污染防治责任与排污者的经济利益直接挂钩，促进经济效益、社会效益和环境效益的统一。

4. 环境规划制度

环境规划制度是指为使环境与社会、经济协调发展，国家把“社会—经济—环境”作为一个复合生态系统，依据社会经济规律、生态规律和地学原理，对其发展变化趋势进行研究，从而对人类自身活动所作的时间和空间上的合理安排。在环境保护中，规划有重要作用，是在环境保护中贯彻预防原则、防止污染，从而改变被动治理的根本措施。

5. 清洁生产制度

清洁生产是指不断采取改进设计、使用清洁的能源和原料、采用先进的工艺技术和设备、改善管理、综合利用等措施，从源头上削减污染，提高资源利用效率，减少或者避免生产、服务和产品使用过程中污染物的产生和排放，以减轻或者消除对人体健康和环境的危害。清洁生产制度则是对上述各环节、内容和措施的法定化、正规化和制度化。

【案例分析】

（1）该化工厂违反了环境影响评价制度，该厂扩建的加工精制3–硝基、4–氨基苯酚生产线属于会对环境产生影响的工程，应当按照法律规定，提出环境影响及防治方案的报告，经主管部门批准才能动工建设。

（2）该化工厂违反了“三同时”制度，即一切新建、改建和扩建的基本建设项目（包括小型建设项目），技术改造项目，自然开发项目以及可能对环境造成损害的其他工程，其中防治污染和其他公害的设施和其他环境保护设施，必须与主体工程同时设计、同时施工、同时投产使用。该化工厂扩建加工精制3–硝基、4–氨基苯酚生产线，但是没有对污染防治设施进行相应的改造。

三、违反《环境保护法》需承担的法律责任

1. 行政责任

企业事业单位和其他生产经营者违法排放污染物，受到罚款处罚，被责令改正，拒不改正的，依法作出处罚决定的行政机关可以自责令改正之日的次日起，按照原处罚数额按日连续处罚。

企业事业单位和其他生产经营者超过污染物排放标准或者超过重点污染物排放总量控制指标排放污染物的，县级以上人民政府环境保护主管部门可以责令其采取限制生产、停产整治等措施；情节严重的，报经有批准权的人民政府批准，责令停业、关闭。

建设单位未依法提交建设项目环境影响评价文件或者环境影响评价文件未经批准，擅自开工建设的，由负有环境保护监督管理职责的部门责令停止建设，处以罚款，并可以责令恢复原状。

违反《环境保护法》规定，重点排污单位不公开或者不如实公开环境信息的，由县级以上地方人民政府环境保护主管部门责令公开，处以罚款，并予以

公告。

企业事业单位和其他生产经营者有下列行为之一，尚不构成犯罪的，除依照有关法律法规规定予以处罚外，由县级以上人民政府环境保护主管部门或者其他有关部门将案件移送公安机关，对其直接负责的主管人员和其他直接责任人员，处 10 日以上 15 日以下拘留；情节较轻的，处 5 日以上 10 日以下拘留：

（1）建设项目未依法进行环境影响评价，被责令停止建设，拒不执行的。

（2）违反法律规定，未取得排污许可证排放污染物，被责令停止排污，拒不执行的。

（3）通过暗管、渗井、渗坑、灌注或者篡改、伪造监测数据，或者不正常运行防治污染设施等逃避监管的方式违法排放污染物的。

（4）生产、使用国家明令禁止生产、使用的农药，被责令改正，拒不改正的。

2. 民事责任

因污染环境和破坏生态造成损害的，应当依照《中华人民共和国侵权责任法》的有关规定承担侵权责任。环境影响评价机构、环境监测机构以及从事环境监测设备和防治污染设施维护、运营的机构，在有关环境服务活动中弄虚作假，对造成的环境污染和生态破坏负有责任的，除依照有关法律法规规定予以处罚外，还应当与造成环境污染和生态破坏的其他责任者承担连带责任。

3. 刑事责任

违反《环境保护法》规定，构成犯罪的，依法追究刑事责任。

即学即练

养鸡场经营者甲发现，自某公司在其鸡场附近修建预制板厂以来，小鸡纷纷死亡，产蛋鸡也不再下蛋，经济损失达数万元。同时，其住宅出现裂缝，家人身体也出现不适。经查，出现上述情况的主要原因是各种设备产生的振动和噪声。据生态环境局监测，其住宅和养鸡场噪声已达 80 分贝和 95 分贝。预制板厂自规划以来，未履行“三同时”手续，也未采取任何消声防振措施。生态环境局在进行调解的同时，对预制板厂罚款 3 万元，并要求其补办“三同时”手续，审批通过前不得生产。

问题：

（1）生态环境局的处罚有无法律依据？

（2）预制板厂若拒不履行调解协议，养鸡场经营者甲应如何维护自身利益？

《中华人民共和国环境保护法》全文

第四节　食品安全法

食品安全法是指调整与食品安全有关的行为的一系列法律规范的总称。《中华人民共和国食品安全法》（以下简称《食品安全法》）已由第十三届全国人民代表大会常务委员会第七次会议于 2018 年 12 月 29 日修正。

一、《食品安全法》的适用范围

根据《食品安全法》第二条的规定，有六类活动适用于《食品安全法》:

1. 食品生产和加工（以下称食品生产），食品销售和餐饮服务（以下称食品经营）。

2. 食品添加剂的生产经营。

3. 用于食品的包装材料、容器、洗涤剂、消毒剂和用于食品生产经营的工具、设备（以下称食品相关产品）的生产经营。

4. 食品生产经营者使用食品添加剂、食品相关产品。

5. 食品的贮存和运输。

6. 对食品、食品添加剂、食品相关产品的安全管理。

二、食品安全标准

食品安全标准是指国家为了保证食品安全，保障公众身体健康和生命安全而制定的食品的生产经营者、食品添加剂的生产经营者以及食品相关产品的生产经营者在其经营活动中必须遵守的强制执行的标准。

对地方特色食品，没有食品安全国家标准的，省、自治区、直辖市人民政府卫生行政部门可以制定并公布食品安全地方标准，报国务院卫生行政部门备案。食品安全国家标准制定后，该地方标准即行废止。

国家鼓励食品生产企业制定严于食品安全国家标准或者地方标准的企业标

准，在本企业适用，并报省、自治区、直辖市人民政府卫生行政部门备案。

三、食品安全控制

1. 食品安全控制制度

（1）食品行业许可制度

国家对食品生产经营实行许可制度。从事食品生产、食品销售、餐饮服务，应当依法取得许可。但是，销售食用农产品，不需要取得许可。

食品生产加工小作坊和食品摊贩等从事食品生产经营活动，应当符合《食品安全法》规定的与其生产经营规模、条件相适应的食品安全要求，保证所生产经营的食品卫生、无毒、无害，食品安全监督管理部门应当对其加强监督管理，具体管理办法由省、自治区、直辖市制定。

（2）食品安全卫生制度

【案例】

张某发现自家附近有厂家寻人加工山楂，按加工好的袋数付钱。他觉得这是个赚钱的机会，于是开始在家里自行对山楂进行加工。说是加工，其实就是把商贩提供的山楂条和山楂卷按量分配，并密封好。张某家里没有任何防尘、防蝇、防鼠设施，加工好的食品也被他随地堆放，食品包装上也没有任何标签及说明。后经人举报，食品安全监督管理部门对张某家进行了搜查，扣押了其加工使用的器具和正在加工的食品，并对张某处以罚款。张某觉得冤枉，认为自己就想赚点小钱，也不知道加工山楂是违法的。

【问题】

张某的行为为什么违法？

食品安全卫生制度对食品生产企业的主要要求有：

1）具有与生产经营的食品品种、数量相适应的食品原料处理和食品加工、包装、贮存等场所，保持该场所环境整洁，并与有毒、有害场所以及其他污染源保持规定的距离。

2）具有与生产经营的食品品种、数量相适应的生产经营设备或者设施，有相应的消毒、更衣、盥洗、采光、照明、通风、防腐、防尘、防蝇、防鼠、防虫、洗涤以及处理废水、存放垃圾和废弃物的设备或者设施。

3）有专职或者兼职的食品安全专业技术人员、食品安全管理人员和保证食品安全的规章制度。

4）具有合理的设备布局和工艺流程，防止待加工食品与直接入口食品、原料与成品交叉污染，避免食品接触有毒物、不洁物。

5）餐具、饮具和盛放直接入口食品的容器，使用前应当洗净、消毒，炊具、用具用后应当洗净，保持清洁。

6）贮存、运输和装卸食品的容器、工具和设备应当安全、无害，保持清洁，防止食品污染，并符合保证食品安全所需的温度、湿度等特殊要求，不得将食品与有毒、有害物品一同贮存、运输。

7）直接入口的食品应当使用无毒、清洁的包装材料、餐具、饮具和容器。

8）食品生产经营人员应当保持个人卫生，生产经营食品时，应当将手洗净，穿戴清洁的工作衣、帽等；销售无包装的直接入口食品时，应当使用无毒、清洁的容器、售货工具和设备。

9）用水应当符合国家规定的生活饮用水卫生标准。

10）使用的洗涤剂、消毒剂应当对人体安全、无害。

11）法律、法规规定的其他要求。

【案例分析】

本案例中，张某的行为不符合食品安全卫生制度，属于典型的无证生产，其行为当然是违法的。

（3）食品添加剂生产许可制度

国家对食品添加剂的生产实行许可制度。申请食品添加剂生产许可的条件、程序，按照国家有关工业产品生产许可证管理的规定执行。

2. 禁止生产经营的食品、食品添加剂、食品相关产品

（1）用非食品原料生产的食品或者添加食品添加剂以外的化学物质和其他可能危害人体健康物质的食品，或者用回收食品作为原料生产的食品。

（2）致病性微生物，农药残留、兽药残留、生物毒素、重金属等污染物质以及其他危害人体健康的物质含量超过食品安全标准限量的食品、食品添加剂、食品相关产品。

（3）用超过保质期的食品原料、食品添加剂生产的食品、食品添加剂。

（4）超范围、超限量使用食品添加剂的食品。

（5）营养成分不符合食品安全标准的专供婴幼儿和其他特定人群的主辅食品。

（6）腐败变质、油脂酸败、霉变生虫、污秽不洁、混有异物、掺假掺杂或者感官性状异常的食品、食品添加剂。

（7）病死、毒死或者死因不明的禽、畜、兽、水产动物肉类及其制品。

（8）未按规定进行检疫或者检疫不合格的肉类，或者未经检验或者检验不合格的肉类制品。

（9）被包装材料、容器、运输工具等污染的食品、食品添加剂。

（10）标注虚假生产日期、保质期或者超过保质期的食品、食品添加剂。

（11）无标签的预包装食品、食品添加剂。

（12）国家为防病等特殊需要明令禁止生产经营的食品。

（13）其他不符合法律、法规或者食品安全标准的食品、食品添加剂、食品相关产品。

3. 食品召回制度

《食品安全法》第六十三条规定："国家建立食品召回制度。食品生产者发现其生产的食品不符合食品安全标准或者有证据证明可能危害人体健康的，应当立即停止生产，召回已经上市销售的食品，通知相关生产经营者和消费者，并记录召回和通知情况。

"食品经营者发现其经营的食品有前款规定情形的，应当立即停止经营，通知相关生产经营者和消费者，并记录停止经营和通知情况。食品生产者认为应当召回的，应当立即召回。由于食品经营者的原因造成其经营的食品有前款规定情形的，食品经营者应当召回。

"食品生产经营者应当对召回的食品采取无害化处理、销毁等措施，防止其再次流入市场。但是，对因标签、标志或者说明书不符合食品安全标准而被召回的食品，食品生产者在采取补救措施且能保证食品安全的情况下可以继续销售；销售时应当向消费者明示补救措施。

"食品生产经营者应当将食品召回和处理情况向所在地县级人民政府食品安全监督管理部门报告；需要对召回的食品进行无害化处理、销毁的，应当提前报告时间、地点。食品安全监督管理部门认为必要的，可以实施现场监督。

“食品生产经营者未依照本条规定召回或者停止经营的，县级以上人民政府食品安全监督管理部门可以责令其召回或者停止经营。”

4. 食品广告的相关法律规定

《食品安全法》第七十三条规定：“食品广告的内容应当真实合法，不得含有虚假内容，不得涉及疾病预防、治疗功能。食品生产经营者对食品广告内容的真实性、合法性负责。县级以上人民政府食品安全监督管理部门和其他有关部门以及食品检验机构、食品行业协会不得以广告或者其他形式向消费者推荐食品。消费者组织不得以收取费用或者其他牟取利益的方式向消费者推荐食品。”

四、食品安全监督管理与食品安全事故处理

1. 食品安全监督管理

根据《食品安全法》的规定，县级以上人民政府食品安全监督管理部门履行食品安全监督管理职责，有权进入生产经营场所实施现场检查，有权对生产经营的食品、食品添加剂、食品相关产品进行抽样检验，有权查阅、复制有关合同、票据、账簿以及其他有关资料，有权查封、扣押有证据证明不符合食品安全标准或者有证据证明存在安全隐患以及用于违法生产经营的食品、食品添加剂、食品相关产品，有权查封违法从事生产经营活动的场所。

2. 食品安全事故处理

食品安全事故是指食物中毒、食源性疾病、食品污染等源于食品，对人体健康有危害或者可能有危害的事故。县级以上人民政府食品安全监督管理部门接到食品安全事故的报告后，应当立即会同同级卫生行政、农业行政等部门进行调查处理，并采取措施，防止或者减轻社会危害。

《食品安全法》第一百零二条规定：“国务院组织制定国家食品安全事故应急预案。县级以上地方人民政府应当根据有关法律、法规的规定和上级人民政府的食品安全事故应急预案以及本行政区域的实际情况，制定本行政区域的食品安全事故应急预案，并报上一级人民政府备案。食品安全事故应急预案应当对食品安全事故分级、事故处置组织指挥体系与职责、预防预警机制、处置程序、应急保障措施等作出规定。食品生产经营企业应当制定食品安全事故处置方案，定期检查本企业各项食品安全防范措施的落实情况，及时消除事故隐患。”

发生食品安全事故，县级以上疾病预防控制机构应当对事故现场进行卫生处理，并对与事故有关的因素开展流行病学调查。

调查食品安全事故，除了要查明事故单位的责任外，还应当查明有关监督管理部门、食品检验机构、认证机构及其工作人员的责任。

即学即练

2008 年 9 月，一系列因食用三鹿婴幼儿奶粉而患肾结石的报道铺天盖地地袭来，三鹿奶粉一度成为众矢之的。三鹿公司在全国范围内发出了召回令，接着罪魁祸首三聚氰胺浮出水面，以极其讽刺的方式给全国人民上了一堂化学课：在乳制品中添加三聚氰胺，就能提高蛋白质的检测量。之后的检查让整个乳品行业蒙羞，因为有 22 家 491 批次婴幼儿奶粉被检出含有数量不等的三聚氰胺。截至 11 月 20 日，依然有 1 000 多名婴幼儿因食用被污染的奶粉引发肾脏疾病在医院接受治疗。而在此之前，已经有 50 741 名婴幼儿因食用毒奶粉住院。另外，还有 4 名婴幼儿死于毒奶粉引发的疾病。

问题：三鹿奶粉事件对我国的食品安全生产有什么启示？

思考与练习

一、简答题

1. 根据《专利法》的规定，不能授予专利的对象有哪些？
2. 商标注册的原则是什么？
3. 不正当竞争行为有哪些？
4.《环境保护法》有哪些基本制度？
5.《食品安全法》的适用范围是什么？

二、案例分析题

1. 张某是一家时装公司的服装设计师，他编制了计算机辅助服装设计程序，欲申请软件著作权。但公司提出异议，认为张某是其员工，该软件是张某在工作过程中完成的，属于职务作品，著作权应归时装公司。

问题：张某对其编制的服装设计程序是否享有著作权？

2. 某酒店是一家中美合资三星级酒店，该酒店开业半年每天噪声不断，周围居民苦不堪言，纷纷向当地生态环境局投诉。经生态环境局检测，该酒店的噪声超过国家标准，且未办理“三同时”手续。于是，生态环境局作出该酒店停业的决定，并要求在停业期间限期治理。与此同时，周围居民和酒店部分职工以酒店噪声超过排放标准为由向法院提起民事赔偿诉讼。

问题：生态环境局作出的决定是否符合法律规定？

《中华人民共和国食品安全法》全文